南無本師釋迦牟尼佛

本師釋迦牟尼佛 偈讚

俱胝圓滿妙善所生身

成滿無邊眾生希願語

如實觀見無餘所知意

於是釋迦尊主稽首禮

法稱論師

法稱論師 偈讚

法理摧非法

威名昭三界

語日破惡説

頂禮法稱足

歴世妙音笑大師

大慈恩譯經基金會館藏　張絖維、王成靜闔家迎請　陳施洋攝影

歷世妙音笑大師 祈請文

佛前佛子維摩詰

印度境內月稱等

此域遍智妙音笑

轉世相襲誠祈請

妙音笑心類學

造論／妙音笑·語王精進大師

總監／真　如　主譯／釋如法　主校／釋性忠　審義／釋性浩

大慈恩·月光國際譯經院

ཀུན་མཁྱེན་བློ་རིག་མཛད་དཔྱོད།

《妙音笑心類學》譯場成員

承　辦／大慈恩·月光國際譯經院·第四譯場（五大論前行系列）

授義：如月格西

總監：真　如

主譯：釋如法

主校：釋性忠

審義：釋性浩

參異：釋性說

審閱：釋性天

校對：妙音佛學院預一班（釋起儒、釋法怙、釋法瑜、釋法託、釋法辯、釋法喜、釋法首、釋法梵、釋法心、釋法隨、釋法知、釋法彥、釋法定、釋法遠、釋法賢、釋法澤、釋法涵、釋法續）、預科122班（釋法篤、釋法巧、釋法擔、釋法轉、釋法繫、釋法舵、釋法煥、釋法禪、釋法擘、釋法用、釋法拓、釋法備、釋法敦、釋法育、釋法覽、釋法聽、釋法審、釋法解、釋法緣、釋法貴、釋法忍）、預科142班（釋法濤、釋法琉、釋法體、釋法晌、釋法恭、釋法圓、釋法問、釋法快、釋法瑞、釋法向、釋法軒、釋法證）

行政：釋性勇、釋法行、釋性回、妙音佛學院（釋起能、釋起世、釋起儒、釋起性、釋法增、釋法現、釋法穠、釋法梅、釋法孝、釋法志、釋法捷、釋法囑、釋法充、釋法舉、釋法基、釋法佈）

檀越：林于韵居士、林士新居士、PEI大覺二班全體

五大論譯叢總序

佛典浩瀚深邃，其智慧與慈悲千百年來穿越歷史，凝眸當代。為生命者，無不希望除苦，無不希望得到快樂，而除苦引樂之方便，雖多如牛毛，細不可數，然立足於解決眾生因無明障蔽而產生的生死之痛，指出所有痛苦皆可除，所有快樂皆可得者，唯佛陀爾。

最徹底無餘地去除痛苦之法，所有的快樂皆能修成之法，即是三藏要義，為法寶。以佛為師，依其教法而修學，浩浩然千古不變，高僧大德輩出於世，燦如日月，美如星河，抒寫出人類對於幸福追求的頌歌，千經萬論，如金鼓鳴響史冊，法音流轉，三千驚歎，群蒙得潤。

佛陀為了利益一切有情而發菩提心，三大阿僧祇劫積聚資糧，終成正覺，其間四十九載宣說法要孜孜不倦。佛法弘傳至今兩千餘年，漫長歲月中，無量有情依仰著佛陀宣說的教法，而得到從人天善果到不可思議成就的種種饒益。因此寂天佛子說：「療苦唯一藥，眾樂出生處，聖教願恆住，受供養承事。」至尊法王宗喀巴大師也曾說過：「世尊事業中，語事為最勝。又復因於此，智者隨念佛。」佛陀的教法，實是欲解脫者唯一舟航，是

欲竭生死海者殷殷渴盼的無死甘露，是這個世上最為珍貴稀有的無價寶藏。

　　為導眾生，世尊示現十二事業，成道之後，由於所化機根性不同，宣說了八萬四千法蘊。而八萬四千法蘊又可以攝入三轉法輪之中。初轉法輪有《法輪經》等，以小乘行者為主要所化機，而宣說四諦等等的內涵；中轉法輪有《大般若經》等，以大乘中觀師為主要所化機，宣說諸法無相的內涵；後轉有《解深密經》等，以大乘唯識師為主要所化機，宣說了三無自性性等的內涵。世尊般涅槃之後，阿難、鄔波離、大迦葉尊者，分別結集世尊的語教經律論三藏，一代釋迦教法，於焉集成而傳於世。

　　三藏雖傳，然而後世學人，如何從浩瀚的佛語當中，抉擇出一條所有補特伽羅都必經的成就之路？佛陀所說的法要，如何化為行持的準則？佛法當中的猶如金剛鑽石般璀璨的核心見地──無我空見，其正確的闡述為何？如何闡述？次第為何？三藏當中所說的種種法相，其嚴密的定義為何？佛法當中種種的立宗，應當以怎樣的理路去研習、證成？後世歷代教法傳持者，雖隨著眾生的根機，分別形成了有部、經部的小乘論宗，及中觀、唯識的大乘論宗，然而無不遵循著這些重要的議題，深入地探討佛語而製疏造論。龍樹菩薩、聖天菩薩、馬鳴菩薩、清辨論師、佛護論

師、月稱論師、月官論師、獅子賢論師、觀音禁論師、寂天佛子、無著菩薩、世親菩薩、安慧論師、功德光論師、釋迦光論師、聖解脫軍、陳那菩薩、法稱論師、天王慧論師、釋迦慧論師等等，這些祖師們留與後人的論著，為我等學人開示佛語的密意，指示趣入三藏的光明坦途，為探索三藏要義者前路的燈塔、頭頂的星辰。因此諸大論師們被譽為開大車軌師，或持大車軌師、贍洲莊嚴，成為難以數計的學人隨學的光輝典範。

當印度的正法如日中天之時，遠在漢地的高僧，為了探尋佛法的真義，而前往西域者，不知凡幾。如五世紀初的法顯大師、法勇大師，七世紀的玄奘大師、義淨大師等，或走陸路，翻越雪山臥冰而寢，攀爬數日無處立足的峭壁，不顧生命，勇悍穿行千里無人的沙漠。或走海路，相約同志數十人共行，臨將登船，餘人皆退，唯己一人奮勵孤行。古來的求法高僧，以寧向西行一步死，不向東土半步生的毅志，終將三藏傳譯漢土。而藏地自七世紀以來數百年間，諸如吞彌桑布札、惹譯師、瑪爾巴譯師、寶賢譯師、善慧譯師，也都是冒著熱病瘴毒，將生死置之度外，前往印度求法。於是才將三藏經續及諸大論師的論著，大量傳譯至藏地。由於先輩譯師們追求正法的偉大行誼，佛陀的教法，才能廣佈於遙遠的國度，而形成如今的北傳、藏傳佛教。

時遷物移，印度佛法至十二世紀令人痛心地消失殆盡。如今，保留著最完整的印度祖師佛法論著的語系，已不是印度本土的梵文，也不是巴利語系，而是藏語。藏族譯師，經過近千年的努力，譯出的印度祖師論著多達三千多部，約二百函。不計禮讚部及怛特羅部，也有近七百部。藏族譯師，不僅譯出了大量的印度祖師論著，諸大教派各成體系，對於這些論藏做了深入地研習。其中顯教法相的部分，以噶當、薩迦二派諸師為主要傳持者。至十四世紀，宗喀巴大師降世，廣學經論注疏，結集各派之長，為諸大論典作了詳明的註解，尤就其甚深難解之處，清晰闡釋，為學人奉為頂嚴。其高足賈曹傑、克主傑、根敦主巴，也依著宗喀巴大師之說，而造論著述，為格魯派後學奉為準繩。宗喀巴大師創建甘丹寺祖庭之後，至第三代法台克主傑大師，始創建法相學院，漸漸在諸大論著之中，確立《釋量論》、《現觀莊嚴論》、《入中論》、《俱舍論》、《戒論》為主軸，從而含攝其餘眾論的學習體系。其後三大寺中各學派的論主——色拉杰尊巴、班禪福稱、袞千妙音笑等，又依宗喀巴大師父子的著作，再造五部大論的著釋，而形成三大學派。至五世勝王時期，成立正式的五部大論格魯大考的哈朗巴格西考核制度，五部大論的研習制度，從此完備，延續興盛了數百年，並且擴及四川、青海、甘

肅、雲南、拉達克、內蒙、外蒙等區域。涵蓋了這麼廣大的地區，經歷了這麼多的世代，五部大論的修學體系，令人驚歎地成為這世界上最為完備的佛法修學體系。

五部大論中，以《釋量論》作為首先學習的內容。法稱論師所造的《釋量論》對於因明之學做了詳盡的闡述。《藍色手冊》中，就記載有「成辦一切士夫義利的前行就是量論」的說法。學人先學習《釋量論》的內容，訓練自己的理路，如造一艘大船，可乘之航行無邊大海。一旦熟練地掌握理路論式，以及各種法相，即可運用這些辨析的方式貫穿整個五大論的學習。因此，《釋量論》成為五部大論中第一部學習的論典。由於《釋量論》的內容極為艱難，藏地的祖師們慈悲開出了《攝類學》、《因類學》、《心類學》三科，作為《釋量論》的前行課程，以幫助後學進入精彩的思辨聖殿，以窺真理之光。進而廣展雙翼飛越難點高峰，而遊於甚深理之虛空。

五部大論中的第二部《現觀莊嚴論》，為五部大論中的主體核心論典。《現觀莊嚴論》為至尊彌勒所造，闡述經中之王《般若經》，是學習般若的快捷方便。《現觀》透過三智、四加行、果位法身等八事，來開闡《般若經》中所隱含的三乘行者修行的完整次第。在正規的學程中，必須經過六到八年的時間來研習本

論。並且在前行課程中，學習七十義、地道、宗義，過程中學習附帶的專科《二十僧》、《辨了不了義善說藏論》、《十二緣起》、《禪定》。至此，學人猶如入海取寶，琳瑯滿目，美不勝收，心船滿載智慧寶藏。

五部大論中的第三部《入中論》，為應成派的月稱菩薩闡述中觀空見的論典，專門闡述龍樹菩薩解釋《般若》顯義空性的《中論》，為五部大論中，探討大乘空見最主要的論典。猶如皓月當空，朗照乾坤，為諸多探討空性者，指示正道，令離疑惑及怖畏，萬古深恩，令人銘感五內。《中觀》常與《現觀》合稱，被並列為五部大論中最為重要的兩部，交相映輝，光灑三千。

五部大論中的第四部論著《俱舍論》，為世親菩薩所造的小乘對法論著。此論對於佛法中的種種法相，做了全面性的歸納及細緻探討。猶如收藏百寶之室，若能登堂入內，大可一覽天上天下眾多珍奇。

五部大論中的最後一部《戒論》，為功德光論師對《根本說一切有部毗奈耶》的攝要，詮說共乘別解脫戒的內涵。皎潔戒光，通透論典，令人一閱，遍體遍心清涼，實為濁世不可多得的解脫妙藥。

諸多教授五部大論的師長都曾傳授這樣的教授：五部大論以

詮說總體修行次第的《現觀》為主體，以《釋量論》作為學習《現觀》的理路，以《中觀》作為《現觀》中空見的深入探討，以《俱舍》作為《現觀》的細分解說，以《戒論》作為《現觀》的行持。學習《釋量論》重在論辯；學習《現觀》重在廣泛閱讀，架構整體佛法次第綱要；學習《中觀》重在體悟空性正見；學習《俱舍》重在計數法相；學習《戒論》重在持守律儀。至尊上師哈爾瓦・嘉木樣洛周仁波切，在《法尊法師全集序》中，也以五部大論如何含攝經律論三藏要義、大小二乘要義、三轉法輪要義、四部宗義要義、二勝六莊嚴論著要義五個角度，闡述格魯派學制為何以五大論作為顯乘修學的主體內容。從這些內容當中，我們可以認識到，五部大論對於令學人掌握整體佛法修學，有著怎樣的超勝之處。

漢藏兩地，各經近千年的佛經翻譯歷史，二者璀璨的成就，可謂相得益彰。漢地的《大毗婆沙論》、《大智度論》、《四阿含經》，為藏地所缺。而漢地則在五部大論的翻譯以及闡述方面，未如藏地完備。如《現觀莊嚴論》，在法尊法師之前，漢土幾不聞此論。因明部分，漢地先前只有《因明正理門論》等少數論著，至於《集量論》、《釋量論》、《定量論》等，也是到了法尊法師時才譯出的。《中論》雖早有漢譯，且有《青目釋》、

《般若燈論》等印度釋論及本土三論宗的著述，然瑜伽行自續派及中觀應成派的論典，猶多付之闕如。《俱舍》一科的論著，漢地較為完備，然印度釋論如《王子疏》、《滿增疏》，藏地論著如《欽俱舍釋》等，於漢土亦不無補益。律論方面，由於漢藏兩系所傳系統不同，因此藏地所依的一切有部律，漢地除了有義淨大師譯的《根本說一切有部毗奈耶》之外，並沒有一切有部律的論著。這方面，藏系中的印藏論著，同樣可以完善漢系中的空缺。

　　五部大論相關的藏譯印度論著，合計起來，至少有一二百部。這些印度論著傳入藏地之後，歷代藏地祖師為之注釋，其論典更是在千部之上，其中不乏有眾多數十萬字的巨製大論。蒙族在五部大論的學修方面，與藏族難分上下，而蒙族對於五部大論著有注釋的論著，也都以藏文形式保存著。總合藏文五部大論體系論著的數量，幾乎與漢地現有的《大正藏》相等。如此巨大而珍貴的寶藏，數百年來就非常活躍地流傳於藏地，卻不為比鄰的漢人所知。直到近代，法尊法師譯出數部重要的論著，如《釋量論》、《集量論》、《現觀莊嚴論》、《辨了不了義善說藏論》、《入中論》、《入中論善顯密意疏》、《入中論善顯密意鏡》、《阿毗達磨俱舍釋開顯解脫道論》等，漢土的有情方有機

緣得以見聞此諸教典。法尊法師為藏譯漢的譯師先驅，引領著我們。

　　恩師^上日^下常老和尚，經過多年親身的修學歷程，深刻地體悟到，學習佛法，絕不可逾越聞思修三者的次第。而要修學圓滿的佛法，必須在最初階段，對教典進行完整的聞思。因此恩師對廣大的信眾學員，致力弘揚《菩提道次第廣論》，對於內部的僧團，更是從一九九四年起，開始招收沙彌，延請師資，教令學習古文、藏文，作為未來學習五部大論、翻譯經典的準備。二零零四年恩師示寂至今，福智僧團的學僧們，依舊秉持著恩師的遺願，十餘年如一日，艱辛地完成五部大論的學程。並且在寺院中，開設了十多個藏文五部大論的學習班級，近期也開始翻譯，以中文的方式教授五部大論。雖然，如今我們開始起步所翻譯的教典，只是滄海一粟，但卻也是宏偉譯經事業的巨輪莊嚴啟動。譯師們滴滴心血凝聚譯稿，寒暑往來，雖為一句經文，皓首窮經亦無憾。在此祈請上師三寶加持，龍天護祐，相信藉由祖師佛菩薩的願力、僧眾們的勇猛精勤力，這些廣大的教典，能成為漢地有緣眾生的豐盛法宴！以濟生死貧窮，以截人法二執苦根，三界火宅化為清涼無死佛國，是吾等所盼！

2017 年 10 月 15 日 真如於加拿大敬書

編輯凡例

一、本書以印度果芒僧院 2015 年出版《妙音笑大師文集》中的
　　《心類學辨析》（簡稱文集本）為底本，並以印度果芒僧院
　　1997 年重印之拉卜楞寺木刻版長函（簡稱長函本）、印度
　　果芒僧院本（簡稱果芒本）二種版本作為參考。

二、本書所譯法相名詞，主要依據玄奘大師之翻譯用詞，及其它
　　漢傳古譯法相詞彙。漢傳法相所無者，則依藏文直譯。

三、文中有註釋和校勘兩種編號。註釋詞條，會於該詞句後，以
　　上標數字標示順序，註釋內容以隨文註呈現；校勘之詞條，
　　則於該詞句後，以中括號數字標示順序，校勘內容集中附於
　　書末校勘表中。

四、文中編號及大量上下引號等標點為原文所無，係翻譯過程中
　　加入，旨在幫助讀者易於分辨、理解正文。

五、每一章前之導讀，係由主譯所撰，旨在幫助初入門讀者，俾
　　令較輕鬆地掌握心類學各種概念。因此側重於簡明易懂，並
　　未以理路嚴密，說理精煉為務。宿學先進實可直接略過，逕
　　覽正文。

六、本書雖經反覆審校，然詞義舛誤，掛一漏萬之處難以避免，
　　懇請博雅碩學，十方大德不吝斧正是幸！

校勘體例說明

一、本書依據之版本介紹

1. (底本)妙音笑大師文集本(簡稱文集本)：印度哲蚌寺吉祥果芒僧院圖書館於 2015 年出版的《妙音笑大師文集》。此版所依之原始木刻版是於塔爾寺所修辦之精良刻版。

2. 印度果芒長函本(簡稱長函本)：印度哲蚌寺吉祥果芒僧院圖書館於 1997 年將拉卜楞寺木刻版重印出版。

3. 印度果芒本(簡稱果芒本)：印度哲蚌寺吉祥果芒僧院圖書館印製出版。

二、版本略述

《妙音笑心類學》有塔爾寺版系及拉卜楞寺版系，共二大版系，大慈恩・月光國際譯經院目前考察到的版本共有四種：妙音笑大師文集本（簡稱文集本）、印度果芒長函本（簡稱長函本）、新德里本、印度果芒本（簡稱果芒本）。其中文集本是塔爾寺版系；長函本、新德里本、果芒本屬於拉卜楞寺版系。以下概述此二版系與此四個版本。

塔爾寺版系：最初由教法的施主人王森諾，布施了順緣而在塔爾寺修辦精良的刻版，即是塔爾寺本。本院至今未能尋得

塔爾寺之長函本，然而印度果芒僧院 2015 年出版的《妙音笑大師文集》所收錄《心類學辨析》，即是依據塔爾寺本重新打字而成。寺院授課師長數數讚歎塔爾寺之木刻版，其校勘較為嚴謹，故決定以此為底本，與長函本、果芒本相互參校。

拉卜楞寺版系：最早可追溯到一世妙音笑大師對心類學前後班級學僧授課後，學僧所整理的筆記，大師親自善為校訂而正式刊刻成書。爾後又有再版，對初版的內容做了修改。1997 年印度果芒僧院圖書館將拉卜楞寺木刻版長函重印出版，即長函本，按內容推測為較早之版本，故採用為本書之校本。而 1972 年再版者，即是新德里本，因其內容有不少明顯錯漏之處，故不採用為校本。

果芒本為印度果芒僧院於近年出版之版本，校勘時發現其與新德里本非常相近，但仍略有增減，大格西功德海在寺院授課時，指出此版與拉寺原版有眾多不同之處，故推測應是依據新德里本重新打字而成。然其中亦有幾處善於他本，故採用為校本。

三、校勘原則

1. 凡漢文無法顯示版本歧異者，概不出校。

2. 各本僅出異於文集本者。

3. 文集本於義理有誤，依他本修正者。

　例：**與疑惑相應的染汙慧**　文集本原作「與疑惑相應的慧」（ཤེས་ཚོམ་དང་མཚུངས་ལྡན་གྱི་ཤེས་རབ），果芒本作「與疑惑相應的染汙慧」（ཤེས་ཚོམ་དང་མཚུངས་ལྡན་གྱི་ཤེས་རབ་ཉོན་མོངས་ཅན），按慧不會與疑惑等煩惱相應，應以果芒本為是，故改之。

4. 他本異於文集本，且於義理明顯有誤者。

　例：**於自己的執取相境錯亂的明了**　果芒本作「於自己的執取相的耽著境錯亂的明了」（རང་གི་འཛིན་སྟངས་ཀྱི་ཞེན་ཡུལ་ལ་འཁྲུལ་བའི་རིག་པ），由於耽著境為分別心所獨有，而顛倒識不僅限於分別心，也包含無分別的顛倒識，應誤。

5.他本異文善於文集本者。

例：**因為直接證達彼的比量存在的緣故**　文集本原作「因為證達彼的比量存在的緣故」（དེ་རྟོགས་པའི་རྗེས་དཔག་ཡོད་པའི་ཕྱིར），果芒本作「因為直接證達彼的比量存在的緣故」（དེ་དངོས་སུ་རྟོགས་པའི་རྗེས་དཔག་ཡོད་པའི་ཕྱིར），按上下文義推斷，應以果芒本為是，故改之。

6.他本有異於文集本，然於義理皆無誤，難以定奪優劣對錯者。

例：**彼比量透過現起自己所量的義共相**　長函本作「彼比量中現起自己所量的義共相」（རྗེས་དཔག་དེ་ལ་རང་གི་གཞལ་བྱ་དེའི་དོན་སྤྱི་ཤར）。

妙音笑心類學 目錄

妙音笑心類學

略顯心類學建立・善說金鬘莊嚴論

ༀ། །བློ་རིག་གི་རྣམ་གཞག་ཅུང་གསལ་ཞེས་བ་བཏོད་གསེར་གྱི་ཕྲེང་མཛེས་ཞེས་བྱ་བ་བཞུགས་སོ། །

第一章

有境覺知的論述

導讀

　　本論在一開頭，分成了兩大科：一、解說有境覺知的論述；二、解說境的論述。但是實質上，本書並沒有開展到第二科解說境的論述，而只闡述了解說有境覺知的論述。但是從這個科判也能看出，本論是以境和有境來當作一個大框架，而在這個框架中定位出心類學的內容。

　　一切諸法可以概括在境與有境當中。有境，是「具有對境的事物」的統稱。一般而言，分成了補特伽羅、心識、五根、能詮聲等。而補特伽羅之所以能有對境，主要是依賴其相續中的心識所致；能詮聲能有對境，主要是因為能詮聲須有分別心等策發而說出具有意涵的聲音；五根則猶如根識的視窗。所有的有境，可以說都圍繞著一個中心：心識，或者說覺知。

　　一切諸法可以分為境與有境，而有境又以心識作為主軸。心識是認知這個世界萬物的認知者，功能可以說非常的強大。但是卻非常難以捉摸，因為心識不是物質，它沒有形象，無法被我們

最常用的眼耳鼻舌身識所了解，我們幾乎只能從它在我們身上所產生的強大作用來反推出它的存在。

本論在首章〈有境覺知的論述〉的論述中，提到了幾個非常重要的內涵。

第一、心識與身體的關聯：對比了身體的增損與心識的增損相互間的關係，就可以看出身體與心識的增損並沒有直接的關聯性。一個人不會因為身體的衰老就一定會使得智慧退失，也不會因為身體強壯就使智慧變得高超。二者之間即便有著些許關聯，多數也是由於身體的增損影響到身識的運作，再由身識的運作影響到其他的心識。而如智慧、慈悲等心識的增長，主要是源自於心識的修鍊等等所致。

從這裡就可以窺見：心識並不是物質，它自成一個續流。這個續流的變化，主要來自於經過對境的串習而決定往哪裡發展，並非由物質直接控制。所以我們蘊體裡有著一個非物質、能有認知感受作用的東西，那就是心識。從這一點再繼續推展下去，就會涉及心識是否可以脫離我們的身體，繼續維持其續流，以證成前世後世的主題。

第二、心識的特點在於能夠顯現境界，而且這點無關於這個

境界是否存在。但心識是否能顯現正確的境界，觀待於心識自己的狀態，這部分的內容，從第二章〈證達的覺知的論述〉開始會廣泛地介紹。但是無論如何，都會顯現一個境界，這是所有心識共有的特點。

　　結合了這兩點，祖師安立出了心識的性相：「清晰的非物質」，這裡所說的清晰就是指能夠顯現境界的特質。在確立了心識的性相後，妙音笑大師也對於其他錯誤的性相做了破斥。諸凡沒有釐清心識一定不是物質，或者以為有些心識可能不會顯現境界，都是尚未完整地認知心識的本質。因此一定要將「顯現境界」與「非物質」這兩點合在一起，才能精準地認識到心識的性相。

　　本章在討論完性相之後，又講述了第二科「異門」的內容，在這裡的異門指的是同義而異名的事物。與心識完全同義而異名的，有覺知、明了、清晰。當然，這裡的明了與清晰並非平時口語中作為形容詞的明了、清晰，其真正的意涵就是心識能夠顯現境界的這種體性。在諸大經論當中，心識與覺知這兩個詞是時常被提到的法相，從這一科的內容中，我們也可以記住這些法相，以利我們建立研閱諸大經論的基礎認識。

有境覺知的論述

南無師利曼殊廓喀雅梭惹梭大耶雜瑪哈帝美札雅擦[1]

（敬禮吉祥妙音與妙音天女，請賜予我大智慧）

禮敬出生一切有寂圓滿的諸佛

以及慧藏文殊父母

滅除他部對於覺知的妄計以及愚夫的臆想黑暗

百千道智慧即將綻放

1　**南無師利曼殊廓喀雅梭惹梭大耶雜瑪哈帝美札雅擦**　此句為梵語音譯，「南無」為致敬或頂禮之意；「師利」為吉祥；「曼殊」即柔妙；「廓喀」為聲音、語言、音韻之意；「雅」是虛字「所為格」，表示方向、目的之語尾助詞；「梭惹梭大耶」指妙音天女；「雜」為也、以及之意；「瑪哈」指大；「帝」為智慧；「美」指我；「札雅擦」是乞求賜予之意。

承彼，在此，解說心類學[2]的論述，分為二科：一、解說有境覺知的論述；二、解說境的論述[1]。第一科分為二科：一、陳述教典；二、解說其意涵。第一科：

為了宣說自部派覺知的意涵，《釋量論·成量品》中說[3]：「無所隨於身的增盛損減，是由覺知所作的差別，致使智慧等增盛或損減。」

第二科分為三科：一、性相；二、異門；三、支分。第一科：

---

2 **心類學** 藏文為「བློ་རིག」，直譯為「覺知明了」，在以下正文中簡譯作「覺知」，為所有心識的統稱。作為書名或學科的名稱時，則沿襲現在普遍的譯法，作「心類學」。

3 **《釋量論·成量品》中說** 《釋量論》，因明論典，七部量論之一，共 4 品，法稱論師著。漢譯本有今人法尊法師譯《釋量論》。作者為二勝六莊嚴之一，陳那菩薩的再傳弟子。作者在印度各地以辯論駁斥外道，弘揚佛法。又從大成就者種毗巴聽受勝樂灌頂及教授，一心修持，親見本尊而得成就。此論即作者從自在軍論師聽聞三次陳那菩薩所著《集量論》而著述之釋論。〈成量品〉為此論第二品，主要解釋《集量論》之皈敬頌義，以順逆二門成立佛為正量士夫，亦建立有前後世之概念。引文今人法尊法師譯《釋量論·成量品》作：「身無所增減，由覺用差別，慧等能增減。」參見《法尊法師全集》冊 3，頁 215（楊德能等主編，北京：中國藏學出版社，2017）；《善慧密意莊嚴叢書》冊 50，頁 37（善慧忍等著，印度：洛色林知識協會，2000）。引文見《釋量論》頁 61（法稱論師造頌；法尊法師譯，臺北市：福智之聲出版社，2007）；《中華大藏經丹珠爾》對勘本冊 97，頁 506（北京：中國藏學出版社，2001。以下簡稱《丹珠爾》對勘本）。

明了，為覺知的性相，事相即如智慧與量。這二者有法，有明了的意涵，因為現起與顯現對境，這是明了彼境的意涵的緣故。

第二科[2]：有其異門，因為覺知、心識、明了與清晰等同義的緣故。

有心識的性相，因為清晰的非物質即是彼的緣故，而這是因為《釋量論》中說[4]：「因此，我的覺知本身是清晰的體性，極其清晰。」

又如果廣說的話，是顯現自境的明了，為「自己是覺知」的性相。《釋量論》中說[5]：「如是，如果承許覺知為覺知的話，就成立覺知本身為明了。」是明現自境的非物質，為「自己是心識」的性相。《釋量論》中說[6]：「由於自身極其清晰，所以此

4　**《釋量論》中說**　引文今人法尊法師譯《釋量論・現量品》作：「故我覺自己，由明體極顯。」見《釋量論》頁152；《丹珠爾》對勘本冊97，頁568。

5　**《釋量論》中說**　引文今人法尊法師譯《釋量論・現量品》作：「如是覺許覺，即成覺自證。」見《釋量論》頁152；《丹珠爾》對勘本冊97，頁568。

6　**《釋量論》中說**　引文今人法尊法師譯《釋量論・現量品》作：「以自極顯故，彼義體極顯。」見《釋量論》頁152；《丹珠爾》對勘本冊97，頁569。

事的體性極其清晰。」又《中觀莊嚴論自釋》中說[7]：「如果心識是清晰的話，清晰就不會明現了[8][3]。」「非物質」是相違方[9]的詞語，因為《入行論》中說[10]：「心識為非物質而反。」又

7　**《中觀莊嚴論自釋》中說**　《中觀莊嚴論自釋》，中觀論典，靜命論師著，尚無漢譯。作者為瑜伽行中觀自續派開派祖師，生於孟加拉。由於觀察深見、廣行不可偏廢，因此精研龍樹菩薩所傳空性教授，著作《中觀莊嚴論》。此論即作者自己注釋之釋論。引文大意為心識既然是清晰，如果所執取的對境是外義，就不能明現對境了。參見《菩提道次第師師相承傳》冊上，頁109（雲增耶喜絳稱著，郭和卿譯，臺北：福智之聲出版社，2004，以下簡稱《師師相承傳》）；《道次第上師傳承傳》頁91（永津智幢大師著，臺北：佛陀教育基金會，2006）。引文見《丹珠爾》對勘本冊62，頁918。

8　**如果心識是清晰的話，清晰就不會明現了**　此段落為靜命論師破斥經部宗以下承許有外境之語。所有內道宗義師都承許心識是清晰的體性，文中所說「如果心識是清晰的話」，是內道宗義師所共許的前提。但如果承許有外境，亦即承許瓶子及執瓶眼識為因果，體性相異的話，則須承許執瓶眼識出現時，瓶子已經消失，那麼心識就無法清晰顯現瓶子，所以文中說「清晰就不會明現了。」靜命論師自宗承許瓶子與執瓶眼識是同時，為同一體性。

9　**相違方**　係指直接對立的另一方。

10　**《入行論》中說**　《入行論》，中觀論典，全名《入菩薩行論》，共10品，寂天菩薩著。漢譯本有宋天息災譯《菩提行經》4卷；隆蓮比丘尼譯《入菩薩行論》10品；今人如石法師譯《入菩薩行》10品。作者為偉大行派之傳承祖師。生於印度金剛座西方。出家於那爛陀寺，學修顯密圓滿教法，內證高地，卻外現終日食、睡，該寺學僧為令其知難而去，刻意安排其上高座說法，未料說法當日，作者騰空而說《入行論》，遂渡空而去。後該寺學僧於其房樑得其親撰之《集經論》與《集學論》。此論主要闡述中觀應成派大乘道果之內涵，並詳盡說明發菩提心之勝利，及發心後應修習之菩薩妙行。此文古來僅見於祖師引述，《入行論》中未見其文，其意為「心識為非物質，從物質而反」之義。參見《道次第上師傳承傳》，頁226。

《中觀莊嚴論》中說[11]：「識是從物質的自性遮反而出生」的緣故[4]。

對此有人說：「明了的性相為現起境的行相的覺知。」又說：「自證分不現起境的行相。」為自相矛盾[5]。

有人說：「自證分有法，應當是顯現自境的覺知，因為是明了的緣故。應當如此，因為是自證分的緣故。已經承許因了。如果承許的話，應當現起自境的行相，因為顯現自境的緣故。」回答不遍。

「應當周遍，因為顯現自境的行相的緣故。應當如此，因為顯現自境的緣故。」回答也不遍。

對於這三者都不能承許，因為未現起境的相似行相[12]的緣故。應當如此，因為是境與有境的二現隱沒[13]的覺知的緣故。應當如此，因為是自證分的緣故。周遍，因為《中觀莊嚴論》中

11　**《中觀莊嚴論》中說**　《中觀莊嚴論》，中觀論典，靜命論師著，尚無漢譯。引文見《丹珠爾》對勘本冊 62，頁 666。

12　**相似行相**　藏文為「གཞན་རྣམ」，指與自己相異的對境行相。

13　**境與有境的二現隱沒**　自證分對於自境的顯現方式。譬如有情相續中的領受執藍眼識的自證分，雖然能顯現執藍眼識與自己的行相，但並不會顯現自己與對境二者相異的這一分，所以稱為二現隱沒。

說[14]：「其自證分[6]，不是能所的實事」的緣故。

這麼說了之後，有人說：「彼也應當未現起自己的行相，因為是無行相的心識的緣故。應當如此，因為《中觀莊嚴論自釋》[7]中說[15]：『即如具有行相的心識的道理中所說，而對自證分如此論述則不合理』的緣故。」回答不遍，因為這是指沒有境與有境的二現的意涵的緣故。否則的話，應當不是具有行相的心識，因為自己或是境的任何行相都未顯現的緣故。已經承許因了。如果承許的話，那麼就應當也不是能取相了！因為如此承許的緣故。不能如此承許，因為像現藍根識[16]的藍色行相是所取相與證他的心識，而「唯獨領受」是自證分與能取相的緣故，而這是因為《正理莊嚴論》中說[17]：「即如現藍根識中，有現起境的

14　《中觀莊嚴論》中說　引文見《丹珠爾》對勘本冊 62，頁 896。

15　《中觀莊嚴論自釋》中說　引文見《丹珠爾》對勘本冊 62，頁 916。

16　現藍根識　指顯現藍色的根識，亦即看見藍色的眼識。

17　《正理莊嚴論》中說　《正理莊嚴論》，原名《量論正理莊嚴》，僧成大師著，尚無漢譯。作者為宗喀巴大師重要弟子之一，常於格魯派父子三尊——宗喀巴大師、賈曹傑大師、克主傑大師座前聽受諸多法要，並於後藏建立札什倫布寺。此論即作者將過去所聞量論諸義收攝而著作之論典。引文見《法王僧成文集》冊 8，頁 72（法王僧成，印度：尊勝僧院，2014）。

行相的一分，與唯獨領受的一分，共二者。前者是所取相，後者是自證現識」的緣故。這些內容有許多細緻區別。

又藏地有一位推理權威的著作中說：「明了境為覺知的性相。」那麼士夫有法，應當是覺知，因為是此性相的緣故。因容易理解。

第二章

證達的覺知的論述

導讀

　　本章〈證達的覺知的論述〉，是從本論的第三大科：「支分」下分出來的。本論的「支分」一科，講述了不只一種心識的分類方式。在科判中一共列出六種分類法，但是實質上本論只講述完前五種分類。〈證達的覺知的論述〉出自於「證達與未證達的覺知」這一科。

　　前一章中提到，所有的心識都具有現起境界的特點，但是能現起境界未必能夠正確地認識到境界。所以從是否有正確地認識境界，亦即證達對境這一點，就可以將所有的心識分為兩大類：證達的覺知與未證達的覺知。證達、定解、見知、衡量等等，在此都是同樣的內涵。

　　「證達」，有許多種層次與形式，在這一章中，妙音笑大師分別以直接證達、間接證達；現前證達、以分別心證達；字面上的證達、新證達、再次證達等幾種層面來闡述證達的內涵。而這幾者又可以相互配對，分為更細緻的內涵。

　　總體而言，當證達一法時，就會遮除相對應的增益。所謂的增益，簡而言之，就是指與事實不相符的想法。增益細分的話，還可以分成一味顛倒執取，以及游移兩端的疑惑。當證達一法的時候，就會遮除相對應的顛倒執取與疑惑，對於該事物獲得正確的認知。

　　證達首先可分為直接證達與間接證達，二者的差別，在於是否有現起境的行相。

　　而有能力證達事物的心識，基本上還分成兩大類，一類是現前識，一類是分別心。這兩者顯現行相的方式是不同的。

　　現前識在顯現境的行相時，是直接映現出對境的行相。就像事物的影像映在鏡子上，鏡子不必作任何作意，只要鏡子沒有扭曲、沒有破裂、沒有蒙塵，光線良好，鏡子就能夠清楚地映現出事物。對於凡夫而言，最常用的現前識，就是眼耳鼻舌身識這五種根現識。透過五根的作用，根識能夠直接用映現對境的方式而顯現出境的行相。這種趣入的方式也就是攝類學當中所說的「成立趣入」，較為客觀，而且清晰。

　　分別心在顯現境界的行相時，則是透過顯現出對境的義共相，而顯現對境的。所謂的義共相，就是在分別心當中，會現起

一個跟真正的對境很像，但實際上跟那個境又不是同一個事物的增益分，亦即義共相，而分別心又會將之與該對境混為一事。這種顯現行相的方式，就像是一個畫家描繪圖畫，這幅畫面的出現並不像鏡子那樣，直接映出事物的樣子，而是必須用心思去判別、思考、抉擇原本的事物是什麼樣子，進而試圖構成這幅與原事物相仿的畫面。這種趣入境的方式，就是攝類學當中所說的「除遣趣入」，較為主觀，而且不清晰。

　　無論是現前識還是分別心，如果要直接證達一個事物的話，都要現起對境的行相，但是顯現的方式，如上所述有所不同。當心識對於一個事物遮除了增益時，也就是證達的時候，如果有顯現出該境的行相，那就是直接證達；如果沒有顯現出該境的行相，那便是間接證達。

　　一般而言，除了像佛陀的遍智或總體的比量，一般證達的心識，大多都會有其直接與間接證達的境。以現前識而言，執取藍色的眼識，是顯現了藍色的行相而證達藍色。而另外一方面，只要證達了這個事物是藍色，就一定會排除這個事物不是藍色。既然排除了這個事物不是藍色，就能夠證達該事物是藍色的非反或不是非藍。所以必須承許執取藍色的眼識，證達了藍色的非反。

但是，執藍眼識除了顯現了藍色的行相之外，並沒有顯現藍色的非反的行相。所以執藍眼識是直接證達藍色而間接證達藍色的非反。而在本文中，則舉了「看到沒有瓶子的地方的眼識」為例，是直接證達沒有瓶子的地方，而間接證達該地方沒有瓶子。

分別心也有類似的情形。正文中舉了證達聲音是無常的比量為例，這種比量就是直接證達了聲音為無常，而間接證達了聲音為常法不存在。以上是直接證達與間接證達的差別。

另外，證達還可以分為量的證達與非量的證達，非量的證達又可分為再決識的證達與伺察意的證達。

當一顆心的續流首度以自身的力量遮除增益而證達一個事物時，這樣的心識就稱之為量。而到了第二剎那以後，之前的心識已經證達過這個事物，而且證達的力量也沒有退失，這時透過之前餘留的證達之力，沒有再遮除新的增益，只是再次地證達之前證達的事物，那麼這種心識就稱之為再決識。量證達事物的方式是新證，而再決識證達的方式是再次地證達。而無論是量還是再決識，其直接證達與間接證達的條件都跟之前是一樣的。

本章在列舉非量的證達的心識時，除了再決識之外，還舉了伺察意。在法相上，雖然有「證達某某事物的伺察意」，或者是

「以伺察意證達」的說法，但是一般並不承許以伺察意證達算是
真正的證達。因為以伺察意而證達，是指經由聽聞時顯現的聲共
相去了解。這個時候，只是在文字上知道該怎麼去立正確的宗，
但是並未遮除增益，所以不是真正的證達，只是字面上的了解。
其後還要再進一步生起比量，才能夠真正地遮除增益而證達。

　　但是在這裡，妙音笑大師將伺察意列入非量的證達的覺知之
列，因此伺察意是否可以被歸類為證達的覺知，還有待抉擇。

 證達的覺知的論述

第三科：有六種支分：一、分為證達的覺知與未證達的覺知二種；二、分為七種覺知；三、分為量與非量二種；四、分為有分別與無分別二種；五、分為現前識與比量二種；六、分為心與心所二種，共六種。

第一科：證達的覺知，《釋量論》中說[18]：「諸決定識[19]所不定解[8]，這如何會成為其境。」

證達的覺知，分為二科：一、解說性相；二、解說各各支分的意涵。第一科[9]：

---

18 **《釋量論》中說**　引文今人法尊法師譯《釋量論‧自義比量品》作：「諸定者不定，如何是彼境。」見《釋量論》頁11；《丹珠爾》對勘本冊97，頁474。

19 **決定識**　由量所引生，獲得正確認知的分別心，稱之為決定識。自宗認為其與憶念識、分別心的再決識同義。參見《東噶辭典》冊上，頁749（東噶洛桑赤列編，北京：中國藏學出版社，2009）。

　　依著彼覺知的作用而能於彼法引生定解[20]，是彼覺知證達彼法的性相，因為彼覺知定解彼法時，會遮除自已相違方的增益[21]的緣故，而這是因為譬如定解聲音為無常的比量於聲音遮除常執的增益一般的緣故，而這是因為《釋量論》中說[22]：「定解與增益意為能害與所害的體性。」

　　第二科分為二科：一、直接證達；二、間接證達。

　　透過在彼覺知中現起彼境的行相[10]而證達，這是彼覺知直接證達彼境的性相。事相即如執藍根現識證達藍色，以及直接證達聲音為所作的比量證達聲音為所作。

　　直接證達不遍是現前證達，因為直接證達聲音為無常的分別心存在的緣故。周遍，因為現前證達的話，遍清晰顯現彼境的緣

20　**定解**　一般在藏文中有心識所證達、所見知之意，也有必然、確定不移的意思。此
　　處則是指證達的心識，或心識證達的行為。參見《貢德大辭典》冊 1，頁 514（圖
　　滇桑竹著，台北：佛陀教育基金會，2013）。

21　**增益**　一種憑空捏造，無中生有的錯亂識。譬如聲音本是無常，卻執取其為常法的
　　心識。

22　**《釋量論》中說**　引文今人法尊法師譯《釋量論·自義比量品》作：「定與增益意，
　　能所害性故。」見《釋量論》頁 10；見《丹珠爾》對勘本冊 97，頁 474。

故。《釋量論》中說[23]：「承許凡是具清晰顯現的覺知，彼於彼為無分別」的緣故[11]。前面不遍處的因成立，因為直接證達彼的比量存在的緣故[12]。周遍，因為《釋量論》中說[24]：「凡是心識對於某事執取聲義，彼於彼即是分別心。」又《現量品》中也說[25]：「由於除遣分別網，因此唯是清晰地顯現」的緣故[13]。

直接證達與間接證達的方式當中，也有量與非量直接證達及間接證達的二種方式。量直接與間接證達的方式也有三種，因為有總體而言量直接證達及間接證達的方式、現量直接證達及間接證達的方式，與比量直接證達及間接證達的方式三種的緣故。有第一者，彼量心向於彼境，並且以現起行相的力量，其後即能無所觀待其他覺知而自力引生定解，這是彼量直接證達彼境的意

---

23 **《釋量論》中說** 引文今人法尊法師譯《釋量論·現量品》作：「所有明顯覺，彼即無分別。」見《釋量論》頁130；《丹珠爾》對勘本冊97，頁552。

24 **《釋量論》中說** 引文今人法尊法師譯《釋量論·現量品》作：「若識緣聲義，彼即是分別。」見《釋量論》頁129；《丹珠爾》對勘本冊97，頁551。

25 **《現量品》中也說** 《現量品》，即《釋量論》第三品。其中闡述量決定為現量、比量二種之道理，並介紹現量的四個支分，根現量、意現量、自證現量與瑜伽現量。參見《法尊法師全集》冊3，頁213、214。引文今人法尊法師譯《釋量論·現量品》作：「由除分別網，是明了顯現。」見《釋量論》頁128；引文見《丹珠爾》對勘本冊97，頁551。

涵。現在雖未心向於彼境，但是彼量以直接見知自己所量的力量，已於彼境應機遮除增益，因此其後只要心趣向即能無所觀待其他量而引生定解，這是彼量間接證達彼境的意涵的緣故。這之中也需要細緻區別。

第二科：現量直接證達及間接證達的意涵二者存在，彼現前識中直接現起自己所量的行相[14]而於彼所量遮除增益，為現量直接證達彼所量的性相。事相，譬如[15]執藍現量中清晰地現起藍色的行相而於藍色遮除增益即是彼[16]。

彼現量直接現起自己所量的行相，以直接於彼所量遮除增益的力量，而對自己未現起行相的其他法也遮除增益，這是彼現量間接證達其他法的性相。事相，譬如以直接現起瓶子盡淨的地方的行相而引生定解的力量，雖然未現起其無瓶的行相，但是遮除了有瓶的增益，並且只要心趣向即能定解無瓶的緣故。

第三科：比量直接證達及間接證達二者的意涵存在，彼比量透過現起自己所量的義共相[17]而於彼所量遮除增益，這是彼比量的直接衡量[26]的性相。事相，即如證達聲音無常的比量[18]透過直

---

26 **衡量** 在此即證達之義。

接現起聲音無常的義共相而遮除執聲音為常法的增益。

在彼之中現起自己所量的義共相[19]而遮除增益的力量,而對彼比量未現起其義共相的其他法也遮除增益[20],這是彼比量間接證達27其他法的性相。事相[21],即如證達聲音無常的比量雖然未現起聲音為常法不存在的義共相,但是遮除聲音中有常法的增益,並且只要心趣向即能無所觀待其他量而定解聲音為常法不存在的緣故。彼分別心中現起彼法的義共相,是彼分別心中現起彼法的行相的意涵。

第二科分為二科:一`性相;二`支分。第一科:

非量直接與間接證達的方式有二種,因為雖未新遮除增益,但是透過現起餘留的行相而證達,這是直接證達[22]的意涵;雖未現起行相,但是依然證達[23],這是間接證達的意涵的緣故。

第二科,其中可分為:伺察意與再決識二者等等,在覺知分為五種的章節中將會宣說。

---

27 **間接證達** 各本原文皆作「勢當證達」(གྲགས་ཀྱིས་རྟོགས་པ),然而參照科判與上下文義,此處應指彼比量間接證達其他法的性相,而非勢當證達。勢當證達意指以其力量證達,並非間接證達。在宗喀巴大師所著《中論根本頌疏·正理大海》中提到:「雖然提到『能以推理』,亦即說『以其力量』,但與不是間接證達相同。」故改譯。參見《宗喀巴文集》冊15,頁45(宗喀巴·羅桑扎巴著,北京:中國藏學出版社,2012)。

辨析：

有人說：「彼覺知在自己的時段證達彼法的話，遍在自己的時段於彼法引生定解。」那麼執取瓶子盡淨的地方的根現識有法，他應當在自己的時段對於無瓶引生定解，因為他證達彼的緣故，而這是因為他間接證達彼的緣故。如果承許的話，那麼有情也應當如此引生決定識[24]，因為是有情相續的彼的緣故。不能如此承許，因為是以他的作用而在自己之後無間引生決定識的緣故。應當如此[25]，因為一個相續中不可同時有兩個不同的決定識的緣故，因為[26]《釋量論》中說28：「未見兩個分別心俱起」的緣故。那麼同樣地，證達聲音無常的比量也就應當在自己的時段對於聲音為常法不存在引生定解了！因為彼證達彼的緣故。如果承許的話，就如前文所述。

又有人說：「彼覺知現起彼境的行相而證達，為彼證達彼境的意涵。」那麼為彼覺知所證達的話，就應當遍是彼的直接證達了！因為如此承許的緣故。不能如此承許，因為彼的間接證達存在的緣故。

---

28 **《釋量論》中說** 引文今人法尊法師譯《釋量論》作：「無頓二分別。」見《釋量論》頁 115；《丹珠爾》對勘本冊 97，頁 542。

又有人說：「彼覺知證達彼境的話，遍於彼遮除或已遮除增益。」那麼二種再決識有法，就應當於自己的所量遮除增益了！因為證達彼的緣故。因容易理解。如果承許的話，他應當對於彼境未遮除增益，因為先前的量已經遮除的緣故。

另外，伺察意有法，應當如此，因為證達自己的所證的緣故。不能如此承許，因為他未遮除疑惑的增益的緣故。應當如此[27]，因為是伺察意的緣故。

又有人說：「是不錯亂的覺知的話，遍證達自己的所量。」那麼現而不定的三種現前識——有法，應當如此，因為如此的緣故。不能如此承許，因為是彼有法的緣故。

第三章

未證達的覺知的論述

導讀

　　總體而言，除了上一章所述證達的覺知以外，其餘的覺知全部都屬於未證達的覺知。未證達的覺知大致上可以分成三種層次，最差的是顛倒識。顛倒識是完全顛倒地執取對境，沒有正確的一分。其中如果是分別心的話，就是顛倒分別，如果是無分別識的話，就是無分別顛倒識。前者如「執取聲音是常法的分別心」，後者如「壓著眼睛望向月亮時，看見兩個月亮的眼識」。

　　再好一點的是疑惑，游移於兩端不決的分別心。這種分別心並沒有執取某事是如何如何，只是認為兩方面都有可能而不決定的一種心識。

　　再好一點的是顯現對境但是沒有證達的心識，這種心識被稱為現而不定。這種心識一定要是無分別的現前識。就像我們專注在看某個東西時，有時候別人跟我們說話，我們會沒有聽到。這時候的耳識其實有接受到聲音，但是沒有辨認出聲音，這類的根識沒有顛倒執取，也沒有兩端游移，它已如實地現起境界，只是

沒有證達而已。

　　而在這一章中，對於未證達的心識則是分為未解、顛倒分別、疑惑。從字面上來看，未解似乎與未證的覺知沒有什麼差別，但是在藏文當中，「未解」在字面上指的是不作分別，單從這個角度來說，所有的現量等現前識也都包含在內，然而在未證達的覺知的三種支分中的「未解」，其實是指在未證達的覺知的範圍當中，除了顛倒分別、疑惑以外的不作分別的覺知。因此「未解」的範圍就包含了兩種覺知：現而未證的覺知，以及無分別顛倒識，這二者是未證達的覺知當中不作分別的心識，而前者即現而不定。所以這裡的未解，與「未證達的心識」和「現而不定」都不能劃上等號。

　　在〈未證達的覺知的論述〉這一章當中，雖然提到了許多支分，但是多數在後面的章節中都會詳述，因此在這個章節當中就略去了。現而不定在下兩個章節也有述及，但在本章節當中還是就現而不定這一心識略作探討。

　　必須一提的是，在量學的心類學體系當中，並未把對法中許多的心識法相歸進來論述。如果要論述所有的未證的覺知，應當遠遠不只上述的三種類型。許多的煩惱，如沒有執取相的貪、

瞋、嫉妒，還有許多所修的道，如沒有執取相的慈心、悲心、菩提心等，由於沒有執取相，也因此不會證達任何事物。然而量學中的心類學，側重於有執取相的心識，所以在這方面較少論及。有些祖師針對這方面也寫下了補充，將來在《俱舍論》的學程中也會詳細地學習。

未證達的覺知的論述

第二科、未證達的覺知分為三科：一、解說性相；二、解說支分；三、解說各各的意涵。第一科：

是對於自己的所量不能引生定解的覺知，這是「自己為未證達的覺知」的性相。其中可分為未解、顛倒分別、疑惑三種。第一種可分為現而不定的覺知與無分別顛倒識二種。既是清晰顯現自己的趣入境[29]所屬的自相，又是對於趣入境自相[28]不能引生定解的共同事所屬的明了，這是「自己是現而不定的覺知」的性相。其中可分為：現而不定的根現識、意現識與自證現識[29]三種。第一種，雖然清晰顯現自己的趣入境自相，但是不能引生定解的根現識，這是「自己是現而不定的根現識」的性相。其中可分為[30]執色、執聲、執香、執味與執觸五種現而不定的根現

---

29 **趣入境** 意指心識所執取、了知的對境。

識[31]，因為《釋量論》中說[30]：「因為識趣入他義，因此沒有能力而不執取他義的緣故。」又《釋量論・現量品》中說[31]：「不同類別雖然同時出生，但是由於一個極為清晰的心，將能力損壞，因此除了阿賴耶識之外未見其餘。」

30　**《釋量論》中說**　引文今人法尊法師譯《釋量論・成量品》作：「由貪著餘義，識則無功能。」見《釋量論》頁66；《丹珠爾》對勘本冊97，頁510。

31　**《釋量論・現量品》中說**　引文今人法尊法師譯《釋量論・現量品》作：「異類雖頓生，由一極明心，使失功能故。非從阿賴耶，而生起餘識。」見《釋量論》頁158；《丹珠爾》對勘本冊97，頁572。

第四章

伺察意的論述

導 讀

　　《妙音笑心類學》對於心識的第二種分類為七種覺知的分類法。從這七種覺知的內涵，我們可以看出這七種覺知的分類法，主要是依照心識對境界的認知程度，或認知方式而歸結出來的。

　　七種覺知也可以說是證達的覺知與未證達的覺知的細分。這七者，在證達的覺知與未證達的覺知的內涵或支分中全部都出現過。伺察意、再決識、比量、部分的現前識，這三個半是證達的心識；現而不定、顛倒識、疑惑、部分的現前識，這三個半是未證達的心識。

　　本章論述了伺察意的內涵。伺察意一定是一種分別心，而且對於境界都會有正確的認定，但是還沒有達到直接遮除增益而證達的程度。由於是分別心，所以不可能是根識等等的現前識；由於對於境界有正確的認定，所以也一定不是顛倒識、不是疑惑；由於還沒有達到直接遮除增益而證達的程度，所以不是量，也不是再決識。

簡單地說，伺察意主要是透過一個正確的語言描述而記住、認同了其中的內涵。但是還沒真正地證達其中的內容。就像一個人學習了經典，看到了瓶子是無常的概念，他記住了，心中也認同。這時候，如果問他瓶子是常法還是無常，這個人能非常確定的回答瓶子是無常，但是這不意味他已經證達瓶子是無常。伺察意就是屬於這種程度的認知。

對於需要以比量而證達事物，一般人都要經過伺察意的認知，之後才會進入比量的認知。所以在生起比量之前，都會生起伺察意。

對於伺察意，祖師們也做了許多的譬喻。像宗喀巴大師所著的《無上三寶讚》中說：「以正立宗得定解，而猶未以立與破，正量之力斷疑惑，則猶釘橛插泥沼，不能堅穩正習氣。」這裡說到伺察意尚未達到以正量之力遮除疑惑，所以就像木椿插在泥巴裡。貢唐大師也將伺察意比喻為鐮刀，雖然砍不了樹但是能夠割草。

經論上所說的聞慧，大體上指的就是伺察意階段的智慧。這是我們認識隱蔽分時非常必要，但是也絕對不能以此為足的階段。從伺察意這一章，我們可以理解聞思在不同階段的重要性，

為了產生伺察意，故不能忽略聽聞，也不能停在伺察意而不進一步深入思惟以產生定解。

伺察意的論述

　　第二科、分為七種覺知當中[32]，有伺察意、現而不定、再決識、顛倒識、疑惑、現前識與比量七種。

　　第一科：為了宣說伺察意的論述，陳那論師的《量經·破聲生品》中說[32]：「如聲音所詮說的意涵而觀察意涵。」靜命論師的《廣量論·破聲生品》解釋其意涵說[33]：「諸凡由聲音所出

32　**《量經·破聲生品》中說**　《量經》，因明論典，原名《集量論》，共6品，陳那菩薩著，漢譯本有今人法尊法師譯《集量論》。作者為世親菩薩門下著名四大弟子之一。量學造詣善巧於其師長。從世親菩薩聽受大小乘藏及至尊彌勒所傳口訣，亦能隨時親見文殊。作者由於悲愍眾生慧力羸弱，將過去所著零散因明論典之要義，編述而成為此論。其弟子也為此撰寫諸多注釋。後世藏地學者更尊稱本論為《量經》，即量學之經典著作。〈破聲生品〉亦即此論之第五品——觀遣他品。由於此品廣泛破斥他派承許之由聲音產生之量，故名。此文古來僅見於祖師引述，《量經·破聲生品》中未見其文。貢唐慧海大師所著《略述心類學辨析等難處》云此段蓋取《量經·觀遣他品》之文意而引出。參見《法尊法師全集》冊3，頁97~100。

33　**《廣量論·破聲生品》解釋其意涵說**　《廣量論》，因明論典，全名《攝真性論》，共30品，靜命論師著，尚無漢譯。本論主要闡述因明之內涵，亦廣泛破斥外道立宗，為因明學的權威著作之一。引文見《丹珠爾》對勘本冊107，頁135。

生」，乃至「也不是比量，因為遠離其性相的緣故」這段教典。

自宗分為二科：一、解說伺察意的性相；二、決疑。第一科：

是遠離依著感受力與自己的所依抉擇詞二者其中一者而直接遮除增益的二種定解任何一者，並且一味新耽著諦實自境的覺知，這是伺察意的性相[33]，因為「感受力」遮除有現前識與伺察意的共同事；「遠離自己的所依抉擇詞而直接遮除增益的定解」遮除有比量與彼的共同事；「諦實自境」遮除有顛倒識與彼的共同事；「一味」遮除有疑惑與彼的共同事；「新」遮除有再決識與彼的共同事的緣故。

其中可分為具有原因的伺察意與沒有原因的伺察意二種，恰巴承許如此的性相[34]。

對此，有西藏雪域的智者說：「提到伺察意能定解自境與依著原因，這二者應當不合理，因為如果這樣是合理的話，就會形成不超出於現前識與比量其中一者的過失的緣故。」這應當不合理，因為是依著原因而定解的話，不須是現前識與比量其中一者的緣故。應當如此，因為在依著原因而定解當中，有依著真實原因而定解，與依著相似原因而定解二種的緣故。應當如此，因為在依著真實原因的定解當中，既有真實定解與相似定解這二種，

在依著相似原因的定解當中也有這二種的緣故。第一個因成立，因為以所作因成立聲音為無常的時候，在後諍者尚未以量的力量於聲音無常遮除增益之前，善為形成的唯獨字詞共相理解[34]的定解，這是依著真實原因的相似定解[35]。何時以量的力量遮除增益，與此同時就成為了依著真實原因的真實定解[36]以及比量的緣故。應當如此，因為雖然一般而言，聲音無常是成立聲音為無常的真實立宗境[35]，但是觀待於某些諍者的覺知會成為相似立宗的緣故。應當如此，因為雖然一般而言，所作是以所作因成立聲音為無常的正因，但是觀待於某些諍者的想法而成為相似抉擇詞，之後才成為真實抉擇詞，這樣的界限可得各別安立的緣故。

第二個根本因成立，因為在依著相似原因的定解當中，也有一類是帶有疑惑的定解，有一類是沒有疑惑的定解，共有二種的緣故。應當如此，因為即如以認識因成立我為常法[36]，以及以身

---

34 **唯獨字詞共相理解**　如月格西認為字詞共相即為聲共相。亦即僅透過該事物的聲共相而理解到該事物，並非藉由其義共相。譬如在尚未了解瓶子時，聽到他人對瓶子的描述，而內心生起對瓶子的一種理解。

35 **真實立宗境**　即一正因論式的所立。真實是指該論式的後諍者對於該立宗仍處於欲解及疑惑的階段。

36 **以認識因成立我為常法**　意指在一論式中，意圖以認識作為正因以成立我是常法。

心同一實質因成立沒有前後世二者，何時生起沒有疑惑的定解時[37]，這些補特伽羅相續中的依著這些因的二種慧，前者成為常見，後者成為斷見的緣故。

這麼說了之後，有人說：「這二種見其中一者的體性所屬的伺察意應當存在，因為這二種其中一者的體性所屬的信念定解[37]存在的緣故。」回答不遍。

又有人說：「這二種見有法，應當定解自境，因為能於自境引生定解的緣故。」回答不遍。

---

37 **信念定解**　意指一種信解思惟的定解，依據如月格西解釋，即透過伺察意理解、確信的定解。

第五章

現而不定的覺知
的論述

導讀

　　前面在〈未證達的覺知的論述〉一章中，已經粗略地解說過現而不定的覺知，在本章中再更深入地討論一次。

　　現而不定的覺知的性相中，提到三個現而不定的覺知的特點。第一點、「清晰顯現自己的趣入境自相」，提到了「清晰」一詞，即表示現而不定的覺知一定要是一種現前識、無分別識。如果是分別心的話，是不可能清晰地顯現自己的趣入境的。第二點、由於是「清晰顯現自己的趣入境自相」，提到了自己的「趣入境自相」，就不可能以一個顛倒境作為趣入境、執取相境，由此也排除了現而不定的覺知是一種無分別的顛倒識。第三點、「不定解自境」，也就是沒有證達自己的境界，由此排除了現而不定的覺知是一種證達的心識。

　　本章當中，提到了現而不定的覺知的分類。現而不定的覺知是一種現前識，一般而言，現前識分為根現識、意現識、自證現識、瑜伽現識。瑜伽現識是透過修行止觀雙運，證得聖道時產生

的，不會有現而不定的心識，除此之外，另外三種都有各自所屬的現而不定的覺知。

現而不定的根現識，大多是因為有某個根現識正在強烈地執取對境，以致於其他根現識不起證達的作用。本章舉例說道：「如眼睛見到悅意色而強烈貪著的狀態下耳朵聽到巨響的執聲根現識。眼識等也同理可推」。

至於意現識，一般的凡夫在未經修鍊時，意現識大多只有短短的一剎那，凡夫的這種意現識無法證達事物，所以都是屬於現而不定的意現識。而緣著這種意現識的自證現識，自然也是現而不定的自證現識，故我們一般凡夫是無法察覺這種意現識的存在，必須依靠教典了解。

在本章的斷諍當中，重點地釐清了一個問題：有的他宗對於現而不定的這個「定」字，狹隘地認為一定都是屬於「分別心的定解」。他宗因為誤以為定解必須是分別心的證達方式，那麼所有的現前識都將無法做到「定解」，但是又會顯現，於是都會成為現而不定。但其實「定」或「定解」這個詞，可以單純理解為證達，並非專指分別心證達的方式。他宗之所以會有這樣的誤解，實是因為將經論中所說的決定識、計度分別與定解完全混為

一談。自宗善加分別之後，避免了這樣的矛盾。

　　現而不定的心識，就如同我們平時所說：視而不見、聽而不聞、食而不知其味。而心類學當中，更確切地將這種心識產生的原由開闡出來，讓我們知道心識與心識之間相互的影響力，以及心識在證達事物時，所必須具備的條件。

現而不定的覺知的論述

第二科：為了宣說現而不定的覺知、再決識等諸多覺知的論述，陳那論師的《量經》中說[38]：「錯亂、世俗識，比量從比量而出生，憶念與現前欲求，相似現前識有翳障。」

本章節中分為三科：一、**現而不定的覺知的性相**；二、**支分**；三、**斷除諍論**。

第一科、性相：既是清晰顯現自己的趣入境自相，又是不定解自境的共同事所屬的明了，這是現而不定的覺知的性相。其中分為是自所屬的根現識、意現識與自證現識三者。瑜伽現識中沒有現而不定，因為瑜伽現識凡所顯現皆遍定解的緣故。

第一、現而不定的根現識的事相，即如眼睛見到悅意色而強

---

38 《量經》中說　引文今人法尊法師譯《集量論‧現量品》作：「迷亂世俗智，比與比所生，憶念及悕求，似現有膜翳。」見《法尊法師全集》冊 3，頁 102；《丹珠爾》對勘本冊 97，頁 4。

烈貪著的狀態下，耳朵聽到巨響的執聲根現識。眼識等也同理可推。現而不定的意現識的事相：一時邊際剎那[39]間的意現識。自證分也同理可推。

斷除諍論：

《正理藏論》論主[40]連同其隨學者在內有人說：「恰巴[41]在現而不定的覺知的性相中說到『不定』，這應當不合理，因為這樣的話，所有現前識都會成為現而不定的覺知的緣故。應當如此，因為現前識沒有定解自境的緣故。為了宣說這點，《自釋》

---

39 **時邊際剎那** 意指最短促的一剎那，時間的最小單位。

40 **《正理藏論》論主** 即薩迦班智達（公元 1182~1251）。作者名遍喜勝幢（ཀུན་དགའ་རྒྱལ་མཚན），為薩迦五祖第四祖。生於西藏衛藏，一出生即能講說梵語。從其叔父薩迦第三祖——至尊名稱勝幢（རྗེ་བཙུན་གྲགས་པ་རྒྱལ་མཚན）聽受所有薩迦派法要，並廣學諸多顯乘論典。23 歲精通大小五明，遂獲班智達之名。曾大破來自印度南方之外道，令其歸順內道。著有《善顯能仁密意論》、《薩迦格言》、《三律儀之開分》等。參見《貢德大辭典》冊 4，頁 329、330；《東噶辭典》頁 2040。

41 **恰巴** 桑普寺第六任住持（公元 1109~1169），本名法獅子，為該寺歷任住持中最善巧中觀、量學的大智者。生於西藏恰域，自幼智慧明利，被大善知識賈瑪巴收為弟子，任作侍者，並於其跟前聽受量學及中觀之教授。後出家，法名法獅子。於十八年間振興桑普諸大寺院學風，創立十一種新學制。現今格魯派學修五部大論時辯論的動作、問難方式，即是此師所開創。著名弟子有號稱八大獅子的精進獅子、講說獅子、福德獅子、論辯獅子、自在獅子、娘振法獅子、珍寶獅子與功德獅子。著有《慈氏五論釋》、《定量論釋》、《量論除意闇》、《中觀二諦論釋》、《中觀光明論釋》等。參見《東噶辭典》，頁 1371。

中說[42]：『任何現前識都不作定解』的緣故。」回答不遍，因為這段教典的意涵是，由於現前識是離分別，所以不能以決定識、計度分別[43]而定解[38]，這才是這段教典的意涵的緣故。為了宣說這點，《俱舍論》中說[44]：「不以計度分別與隨念分別[45]作分

42　**《自釋》中說**　此處《自釋》為《釋量論自釋》，原名《釋量論釋》，因明論典，共 1 品，法稱論師著，尚無漢譯。本論係作者對《釋量論》第一品作解釋，故名。引文見《丹珠爾》對勘本冊 97，頁 940。

43　**計度分別**　與意識相應，非禪定所攝的慧心所。唐玄奘大師譯《阿毗達磨俱舍論‧分別界品》中提到「散謂非定。意識相應散慧，名為計度分別。」參見《阿毗達磨俱舍論疏‧對法莊嚴》頁 68（欽‧蔣悲央著，台北市：佛陀教育基金會，2015）；《阿毗達磨俱舍論》冊上，頁 31（世親造，唐玄奘譯，台北市：方廣文化，2008）。

44　**《俱舍論》中說**　《俱舍論》，七部對法論要義的攝頌，又名《阿毗達磨俱舍論本頌》，共 8 品，世親菩薩著。漢譯本有陳真諦三藏譯《阿毗達磨俱舍釋論》22 卷；唐玄奘大師譯《阿毗達磨俱舍論本頌》1 卷。作者為無著菩薩的主要弟子與胞弟。年少依母命出家，不久即博通三藏，成為小乘部派著名之學者，然不許大乘為佛說，謗其兄長所學大乘諸論。其後因無著菩薩之開導，為懺除謗法重罪，注釋五十多種大乘經疏。後住持那爛陀寺，每日講說大乘教法二十座。此論略攝七部對法及《大毗婆沙論》之要義，主要闡述四諦之宗見及共中、共下士道之所緣法類，為顯教五部大論之一。引文唐玄奘大師譯《阿毗達磨俱舍論本頌‧分別界品》作：「說五無分別，由計度隨念」。參見《師師相承傳》冊上，頁 91；《道次第上師傳承傳》頁 79；《大正藏》冊 50，頁 188（大藏經勘行會編，台北：新文豐出版社，2000）；《東噶辭典》，頁 1763。引文見《大正藏》冊 29，頁 311；《丹珠爾》對勘本冊 79，頁 6。

45　**隨念分別**　與意識相應，無需觀待名字而念取意涵的念心所。容有禪定或非禪定所攝二種。唐玄奘大師譯《阿毗達磨俱舍論‧分別界品》中提到「若定若散意識相應諸念，名為隨念分別。」參見《阿毗達磨俱舍論疏‧對法莊嚴》頁 68；《阿毗達磨俱舍論》冊上，頁 31。

別」的緣故。如果不是如此，而是照你所說的話，吉祥法稱就有矛盾了。道理如下[39]：現證苦諦為無常的瑜伽現識有法，他應當未現前定解一切與苦諦無常為成住無別的同一實質[46]的事物，因為他是現前識的緣故。已經承許周遍了。因在你的《自釋》的教典意涵中已經承許了。不能承許前面的宗，因為瑜伽現識當中，無一會如異生那般對自境現而不定的緣故。應當如此，因為是瑜伽現識的話，遍現前定解一切與其自境為成住無別的同一實質的事物的緣故。周遍，因為《釋量論》中說[47]：「凡大慧者所觀見[40]，一切行相都會定解」，這個詞句中的「大慧者」、「一切行相」與「定解」，將這三者的意涵別別攝集而解說的方式存在的緣故。

有人說：「是現見自境所屬的有為法的現前識的話，應當遍現見所有與其自境為成住同一實質的事物，因為論中說：『凡大慧者所觀見[41]』的緣故。」回答不遍。如果承許的話，那麼這個

---

46 **成住無別的同一實質**　意指二者不僅出生、安住與壞滅同時，且現前識若顯現其中一者，也必須顯現另一者的實事。譬如聲音與聲音無常二者。參見《釋量論廣註理海》冊上，頁 144（台北：佛陀教育基金會，2008）。

47 **《釋量論》中說**　引文今人法尊法師譯《釋量論・現量品》作：「大慧由見性，能定一切相。」見《釋量論》頁 106；《丹珠爾》對勘本冊 97，頁 535。

詞句中說到「大慧者」應當沒有意義，因為你將彼結合於一切有情相續中的現前識是合理的緣故。

有人說：「是現見自境所屬的有為法的現前識的話，應當遍現證一切與其自境為成住無別同一實質的事物[42]，因為《釋量論》中說[48]：『有什麼其餘的未見分是被其餘的量所觀察』的緣故。」回答不遍。如果承許的話，那麼數論師相續中的執聲根現識有法，他應當現證一切與聲音為成住同一實質的事物，因為如此承許的緣故。如果承許的話，那麼彼有法，應當現證聲音為無常[43]，因為如此承許的緣故。如果承許的話，那麼彼有法，應當不需要善巧的前諍者為他成立聲音為無常，因為如此承許的緣故。如果承許的話，那麼現見彼法的話，應當遍現證彼法，因為如此承許的緣故。如果承許的話，那麼數論師相續中的執聲根現識有法，應當如此，因為如此的緣故。

另外，將一個月亮顯現為兩個月亮的根識有法，他應當現證一個月亮為兩個月亮，因為他現見一個月亮為兩個月亮的緣故。應當如此，因為他清晰地見到如此的緣故。應當如此，因為是這

48　**《釋量論》中說**　引文今人法尊法師譯《釋量論・自義比量品》作：「有何未見分，為餘量所觀。」見《釋量論》頁 10；《丹珠爾》對勘本冊 97，頁 473。

個有法的緣故。

另外,「現證瓶子的根現量有法,應當不是量,因為不定解自境為有無其中一者[44]的緣故。周遍,因為如果不定解自境為有無其中一者的話[45],遍不是量的緣故。應當如此,因為是量的話,遍定解自境為有無其中一者的緣故。應當如此[46],因為《釋量論》中說[49]:『不是定解有無的具果者,因此不具有量性』的緣故。」回答不遍,因為其意涵是指根現識沒有心想「是有」、「是無」的計度分別的緣故。

---

49 **《釋量論》中說** 引文今人法尊法師譯《釋量論・自義比量品》作:「非定有無果,故不成為量。」見《釋量論》頁30;《丹珠爾》對勘本冊97,頁487。

第六章

再決識的論述

導讀

　　再決識，是證達已證達的一種覺知。如前所述，它是一種非量的證達的覺知。當心識新遮除了某種增益而證達一個事物時，這樣的心識會被稱為量。而延續量的力量，沒有新遮除增益，只是維持著這種證達的心識，則被稱為再決識。既然不是新證達，就不是新而不欺誑的明了，所以一定不會是量。

　　再決識的出現，必定倚賴著某個量。而量所引生的再決識也有兩種類型，一種是該量自己的後續流，緣著同樣的境而再次證達。另一種是引生另外一個屬於分別心的決定識的續流，但這個決定識也是延續該量的證達，只不過不屬於該量的續流。量分為現量與比量兩種，這兩種量的下一剎那各會引生出兩種再決識：與自己同一續流的下一剎那和與自己不同續流的決定識。

　　一個補特伽羅，是否有可能對於同一個事物，以現量或以比量先後證達兩次以上呢？這是有可能的。那麼既然前後兩次的現量或比量所證達的境是一樣的，應該就是證達已證，為什麼第二

次生起的現量或比量，不會是證達已證的再決識，而可以是量呢？

　　一般而言，在已經證達了之後再次證達，確實應該是證達已證，但是如果一個補特伽羅證達了一法之後，因為某些因緣，如：徹底忘記、猛力的煩惱現行、經歷生死，致使證達的作用消失了，這個時候再一次證達，仍屬於是新證達的量。

　　再決識雖然不是量，但是依舊有非常大的作用。再決識能維持之前的證達，使已遮除的增益不再現行。我們對許多法生起比量之後，還得繼續串習，依著再決識的力量，使所生起的定解不要退失。甚至聖者在修道的時候，再決識也起了堅固的作用。

　　就像聖者生起無間道這種量時，它正對治了相對應的所斷，就像在屋子裡把小偷抓出去了；而下一剎那的解脫道，則是再決識，其功用就像把小偷抓出去之後，把門鎖上，不讓小偷有再進門的機會。在學習再決識一章時，會讓我們認識到修道的進展歷程，以及在修道的過程中串習的重要性。

再決識的論述

　　第三科：為了宣說再決識的論述，陳那論師的《量經》中說[50]：「不是再再地了知，因為會成為無窮盡，就像回憶等等。」又《釋量論》中說[51]：「凡是源於已經完成所作者，不再作自己的作業。」又法勝大班智達的《大應理論》中說[52]：「諸現前識與比量的第一剎那是量，由於成住不異，因此第二剎那等則排除為量[47]。」

50　**《量經》中說**　引文今人法尊法師譯《集量論・現量品》作：「亦非數數知，無窮如念等。」見《法尊法師全集》冊 3，頁 102；《丹珠爾》對勘本冊 97，頁 3。

51　**《釋量論》中說**　引文今人法尊法師譯《釋量論・現量品》作：「所作已辦業，不作少差別。」見《釋量論》頁 123；《丹珠爾》對勘本冊 97，頁 547，然與正文略有不同。

52　**《大應理論》中說**　《大應理論》，因明論典，原名《定量論釋》，和《應理論》為同一部論，共 2 品，法勝論師著，尚無漢譯。作者為莊嚴論主——潛隱智源論師之親傳弟子，其餘生平不詳。參見《拉卜楞寺志》頁 179（阿莽班智達著，瑪欽・諾悟更志道周譯，甘肅人民出版社，1997）。引文見《丹珠爾》對勘本冊 104，頁 779。

本章節中分為三科：一、**再決識的性相**；二、**支分**；三、**斷諍**。

第一科、性相：證達已證的明了，為再決識的性相。

第二科：其中可分為現前識的續流所屬的再決識、比量的續流所屬的再決識與此二任一皆非所屬的再決識，共三種。第一、現前識的再決識可分為許多種：有根現識的再決識、意現識的再決識、自證現識的再決識、瑜伽現識的再決識與此等任一皆非的再決識，共五種。第一種的事相，即如五種根現識的第二剎那。第二種，即如將他心通作為意現識，其第二剎那。

那麼[48]如同前文將意現識描述為時邊際剎那，在《釋量論》、《正理滴論》[53]等論中，不也如此宣說嗎？答：其密意是指前五種根現識所引生的意現識，而在此是將小乘行者的他心通作為意現識，就此而言的緣故。應當如此[49]，因為《正理滴論賈曹傑釋》中說[54]：「雖然他心通是現前識，」乃至「如果總攝而

---

53 **《正理滴論》** 因明部論典，七部量論中如主體般的三論之一，共 3 品。法稱論師著，漢譯本有今人楊化群由藏譯漢《正理滴論》、王森由梵譯漢《正理滴論》。此論省略了廣泛的破立，主要闡述《集量論》當中之異門、定義、支分、譬喻等內涵。

54 **《正理滴論賈曹傑釋》中說** 《正理滴論賈曹傑釋》，因明論典，原名《正理滴論釋·善說心藏》，後文亦作《正理滴論賈曹傑釋·善說寶藏》，賈曹傑大師著，尚無漢譯。作者為格魯派父子三尊之一（公元 1364~1432），博通諸大經論，是藏地

言，或許可將意現識分為不同的二類[50]，而統攝於意現識當中，智慧至極深細者應作觀擇」的緣故。

第三、此二任一皆非的再決識可分為：現前識所引生的分別心再決識、比量所引生的分別心再決識與此等任一皆非的再決識，共三種。第一種，即如執色根現識所引生的決定識。第二種，即如以所作因證達聲音為無常的比量所引生的決定識。第三種，即如量與新而不欺誑的明了第二剎那。

第三科、陳述能立，分為二科：一`陳述教典的能立；二`陳述正理的能立。第一科、陳述教典的能立：

如前述從陳那論師的《量經》、法稱論師的《釋量論》與法勝的《大應理論》等教典中剛剛引述所說。

第二科：有人說[51]：「執藍現前識第二剎那有法，對於藍色應當不是量，因為對於彼是再決識的緣故。」那麼，彼心識對於彼境是再決識的話，彼心識對於彼境的任何法都應當遍不是量，因為對於藍色是如此的緣故。理當承許因。如果承許的話，那麼

首位獲得十難論師之名的智者。長隨宗喀巴大師聽受道次第等眾多顯密教授，最後紹繼宗喀巴大師法位，故尊稱為「賈曹」。參見《師師相承傳》冊上，頁557；《道次第上師傳承傳》頁386。引文見《傑擦·達瑪仁欽文集》冊8，頁462、463（傑擦·達瑪仁欽著，北京：中國藏學出版社，2013）

彼心識對於聲音是再決識的話，彼心識對於聲音的任何法都應當遍不是量，因為如此承許的緣故。如果承許的話，那麼證達聲音為無常的比量有法，他對於聲音的任何法都應當不是量，因為他對於聲音是再決識的緣故。已經承許周遍了。因成立，因為對於聲音是證達已證的明了的緣故。應當如此，因為是以量定解聲音為所作之後，透過對於「以所作因成立聲音為無常的三相」遮除增益的憶念不退失的方式，而證達聲音為無常的比量的緣故。為了宣說這點，陳那的《量經》中說[55]：「比量從比量而出生」的緣故。周遍，因為「比量」顯示以所作因成立聲音為無常的宗法與執因心，「從比量而出生」顯示以所作因成立聲音為無常的具因比量的出生方式的緣故。

　　這麼說了之後，有人說[52]：「成立聲音為無常的伺察意第二剎那有法，應當不是量，因為是再決識的緣故。應當如此，因為是證達已證的明了的緣故。應當如此，因為其第一剎那證達他[53]，而且其第二剎那也證達他的緣故[56]。」回答不遍。如果承

55　**《量經》中說**　引文今人法尊法師譯《集量論·現量品》作：「比與比所生。」見《法尊法師全集》冊 3，頁 102；《丹珠爾》對勘本冊 97，頁 4。

56　**因為其第一剎那證達他，而且其第二剎那也證達他的緣故**　按他宗的思路，此處

許的話，那麼伺察意第一剎那有法，他應當對於聲音無常遮除常執的增益，因為由他的力量引生的他第二剎那是再決識的緣故。如果承許的話，那麼彼有法，他應當對於聲音無常遮除疑惑的增益，因為如此承許的緣故。不能如此承許，因為是僅以伺察意定解聲音[54]的覺知的緣故。

又有人誤解了「證達已證的明了」，而說：「聲聞的見道無間道才是現量，其後的聲聞的見道解脫道、聲聞的修道無間道與修道解脫道等等都是再決識。」那麼預流家家[57]的第二生者的相續中的修道無間道有法，應當是引生自己的聲聞見道無間道[55]現證補特伽羅無我與蘊無常而作用未退失的覺知，因為是由其力量引生的再決識的緣故。如果承許的話，那麼應當是在自己無有間隔的前一刻的聲聞的見道無間道現證補特伽羅無我而作用未退失的覺知，因為如此承許的緣故。不能如此承許，因為是在轉世之後，中間許多俱生增益等等現行的補特伽羅相續中的現證補特伽

「他」應理解為「聲音無常」，並非如常例將有法帶入其中。

57 **預流家家**　四果中預流聖者的其中一種。其必須對於欲界修道所斷第三或第四品離欲。家家意指獲此果位之預流聖者仍須投生於同類的欲界兩次，才能獲證小乘阿羅漢果。因此可分為必須投生兩次欲界天身的預流天家家，及尚需投生兩次人身的預流人家家。參見《阿毗達磨俱舍論》冊下，頁513。

羅無我與蘊無常的覺知的緣故。

另外，這樣的預流家家的第二生者的相續中的修道無間道有法，應當是引生自己的聲聞見道無間道透過現證補特伽羅無我的作用未退失的方式所引生的再決識，因為是其引生的再決識的緣故。周遍，因為再決識必須是引生自己的前覺知[58]透過已經證達而作用未退失的方式所引生的覺知的緣故。為了宣說這點，《釋量論》中說[59]：「凡是源於已經完成所作者[56]，不再作絲毫的差別」的緣故。如果承許前面的宗，那麼預流家家的第二生者在未獲得聲聞的修道無間道之間，見道無間道現證補特伽羅無我的作用應當不可能退失，因為如此承許的緣故。不能如此承許，因為預流臨終時，貪著我的愛雖然會現行，但是並不會納受[57]的緣故。應當如此，因為《菩提道次第》中說[60]預流與一來有這樣的

---

58 **引生自己的前覺知** 意指能生出自己的前一個覺知。譬如執藍眼識第一剎那，即是引生執藍眼識第二剎那的前覺知。

59 **《釋量論》中說** 引文今人法尊法師譯《釋量論·現量品》作：「所作已辦業，不作少差別。」見《釋量論》頁 123；《丹珠爾》對勘本冊 97，頁 547。

60 **《菩提道次第》中說** 《菩提道次第》，全名《菩提道次第廣論》，宗喀巴大師著。漢譯本有今人法尊法師譯《菩提道次第廣論》24 卷。作者為格魯派開派祖師。生於青海宗喀，後人為避其名諱而尊稱「宗喀巴」。此論主依聖阿底峽尊者之《菩提道炬論》為底本，透過三士道次第，引導具足善根之人從凡夫趣往究竟佛地。為後

情況的緣故。

　　另外，「見知藍色的眼識有法，應當不是量，因為是再決識
的緣故。應當如此，因為是證達已證的明了的緣故。應當如此，
因為是見知藍色的量，而且量已經證達藍色的緣故。」回答不
遍。

世藏傳一系佛法奉為瑰寶的修心鉅著。此段出自此論中士道思惟集諦之段落。引文
今人法尊法師譯作：「預流一來亦能不忍斷除我執，譬諸強力制伏羸劣，《瑜伽師
地論》作此說故。」引文見《菩提道次第廣論》頁174（宗喀巴大師著，法尊法師
譯，台北：福智之聲出版社，2008）；《宗喀巴文集》冊13，頁239。

第七章

顛倒識的論述

導讀

　　顛倒識是在所有認知性質的心識中，最為錯謬的心識。有些心識是錯亂識，雖然對於自己的顯現境會誤以為真，但是執取的方向是對的。這種心識雖然是錯亂識，但不是顛倒識，甚至這之中還包含了比量。

　　所有的分別心，都會對於自己的顯現境錯亂，因為分別心的顯現層面中，會將自己所現起的義共相與自己所要執取的對境混為一事。就像證達瓶子的分別心會現起瓶子的義共相，並將這個義共相與瓶子混為一事。但是分別心當中的比量、決定識，雖然對於顯現境有所錯亂，但是對於其執取相境是正確的。如證達聲無常的比量或決定識，它會現起聲無常的義共相，並且將之與聲無常混在一起顯現，但是它會正確地執取聲無常，並無誤地遮破聲非無常。

　　而顛倒識的錯誤，則是在執取相境之上犯的錯誤。就像執取聲音是常法的分別心，它在緣取聲音的這一點上，與證達聲音是

無常的比量是一樣的。但是卻錯誤地將聲音執為常法。但凡是在執取相境（通指分別心與無分別識的執取相）或者說耽著境（特指分別心的執取相境）上發生錯亂的心識，就稱為顛倒識。

所以顛倒識一定是錯亂識，錯亂識則不一定是顛倒識。簡而言之，顛倒識犯的錯誤，是在於它對某個事物產生與事實不符的執取。例如一個事物是白色，它誤認為是黑的；或者這個事物是無常的，它認為是常法，那這顆心識就是顛倒識。

顛倒識可以分為無分別的顛倒識與顛倒分別。無分別顛倒識，如顛倒的眼耳鼻舌身識。有時我們的根識會發生錯亂，這些錯亂的產生，往往跟外在的影響，或內在的心理因素、身體的狀況有關。像用手壓住眼睛時，會把一個東西看成兩個；得黃疸病時，會把白色的東西看成黃色的；上火時會把甜的食物吃成苦的；耳鳴的時候會聽到嗡嗡的聲音；有時心裡緊張，會把冷的東西摸成是熱的。這些眼識、耳識、舌識、身識等等，都屬於無分別顛倒識，它在顯現這些顛倒境時，顯現得清清楚楚，但是與事實完全不符合。

顛倒的根識較常發生，而無分別的顛倒意識在極為特殊的情況下也會發生。如有人經久串習兔子角這種不存在的事物，最終

不須經由分別心就能夠在意識中顯現，這種顯現兔子角的無分別意識，就是無分別的顛倒意識。

有分別的顛倒識，也是倒執境界。但是分別心的對境是用「想」出來的，而不是像無分別顛倒識那樣，直接清晰地顯現境界。諸如執聲為常、執苦為樂等等的分別心，都屬於分別心的顛倒識。

令眾生流轉生死輪迴的根本，就是執取有我的顛倒識。要斷除顛倒識，就要生起與該顛倒識執取相境完全相反的量。在證達無我的過程中，之所以那麼重視辨識所破，就是因為證無我慧所對治的是我執這一種顛倒識，為了破除它，必須明確地辨別它的執取相境，觀察這個執取相境是顛倒的、不存在的，一旦認清其執取相境，就能進一步生起無我慧而破除我執。

從本章中，我們要認識顛倒識的特質，以及破除它的方便，在修道的過程當中，這是我們一定要經歷的修鍊。

顛倒識的論述

第四科：為了宣說顛倒識的論述，在陳那論師的《量經》中說[61]：「從共通的功德而言一致[58]，而導致錯亂的顛倒識。」

本章節中分為三科：一、顛倒識的性相；二、支分；三、斷除諍論。第一科：

有人說：「自己的耽著境不存在的心識，為顛倒識的性相。」那麼，勝解一切大地都充滿水的遍處三摩地有法，應當是彼名相，因為是彼性相的緣故。因成立，因為是與彼有法為一的緣故。如果說不遍的話，那麼一切大地充滿水應當存在，因為如此承許的緣故。不能如此承許。

---

61 **《量經》中說** 此段引文未見於諸版本。至尊法增大師認為此段較相近於第五品中：「雜相於一切，皆應成倒智。」。特作此說明，供讀者參考。引文見《法尊法師全集》冊 3，頁 112；《丹珠爾》對勘本冊 97，頁 47。

第二科、自宗：

顛倒識的性相，於自己的執取相境錯亂的明了[59]，這是「自己是顛倒識」的性相。其中可分為無分別所屬的顛倒識與分別心所屬的顛倒識二種。第一種的性相：於自己的執取相錯亂的具有清晰顯現的明了，為無分別所屬的顛倒識的性相。其中可分為根識所屬的顛倒識與意識所屬的顛倒識二者。第一者的性相：於自己的執取相境錯亂的具有清晰顯現的根識所屬的明了，這是無分別顛倒識所屬的根識的性相。其中有五種支分[60]。第二者的性相：於自己的執取相錯亂的具有清晰顯現的意識所屬的明了，這是無分別顛倒識所屬的意識的性相。事相，即如清晰顯現聲音為常法的意識。於自己的耽著境錯亂的耽著識，這是分別心所屬的顛倒識的性相。事相，即如執取兔子角與執取補特伽羅我的耽著識。

第八章

疑惑的論述

導讀

　　本章所論述的疑惑，為六種根本煩惱之一，比通常所說的疑惑範圍來得小。這裡所說的疑惑要具足兩種條件，一者是令心識游移於兩端，覺得有可能是這樣，又有可能是那樣。另外，還必須是一種根本煩惱。有許多游移於兩端的心識，未必是根本煩惱，這些游移兩端的心識，都不是屬於此處所說的疑惑。在本章中舉了游移兩端的隨煩惱、心王、染污慧、阿羅漢相續中懷疑「是否是諦實有」的疑惑作為不遍的事例。

　　此處的疑惑既然是根本煩惱，就應被大小乘的見道位聖者所斷除。但是無論是大乘還是小乘的見道位聖者，都還沒有通達一切諸法，自然在心中仍會對於許多法有疑惑。因此並非斷除了六種根本煩惱中的疑惑，就表示對於任何法都沒有疑惑。

　　依據永津仁波切所著的《心心所建立》的解釋，根本煩惱的疑，是對三寶、業果、二諦、四諦等起疑，而且會對行持善法、

證空性等形成障礙。所以聖者雖然可能還有疑惑，但是沒有屬於根本煩惱的疑惑。

疑惑的論述

第五科：為了宣說疑惑的論述，而提出陳那論師的《量經》中[62]「因此，顯現彼為彼時，理應存疑」這段教典。

本章節中的辨析分為破立斷三科。第一科：

有人說：「對於自境游移兩端的覺知，為疑惑的性相。疑惑可分為合理疑惑、非理疑惑、等分疑惑三種。心想『聲音是常還是無常？大概是無常』的懷疑，這是合理疑惑；心想『聲音是常還是無常？大概是常』的懷疑，這是非理疑惑；如同心想『聲音是常還是無常？』平等游移兩端的疑惑，這是等分疑惑。」那麼是這三者其中一者的話，應當必須是疑惑，因為如此承許的緣故。如果承許的話，那麼聲聞阿羅漢相續中心想「色法以外義成

---

62 《量經》中 引文今人法尊法師譯《集量論·觀遣他品》作：「如是現彼疑，若謂疑應理。」見《法尊法師全集》冊3，頁114；《丹珠爾》對勘本冊97，頁24。

立[63]成立[61]還是不成立？大概不成立」的懷疑有法，應當是疑惑，因為是這三者其中一者的緣故。應當如此，因為是合理疑惑的緣故。應當如此，因為其相續中的合理疑惑存在的緣故。應當如此，因為尚須證達彼的聲聞阿羅漢存在的緣故。如果承許前面的宗，那麼彼有法，應當是煩惱，因為是疑惑的緣故。周遍，因為是六種根本煩惱其中一者的話，遍是煩惱，而且有六根本煩惱的列舉方式的緣故。同樣也可以提出與其相應的心王[62]。

又有人說：「對於自境游移兩端的心所，這是其性相[63]。」那麼與疑惑相應的染污慧[64]有法，應當如此，因為如此的緣故。因成立，因為是與彼相應的心所的緣故。如果承許的話，那麼應當是非見，因為如此承許的緣故。不能如此承許，因為是見的緣故。

另外，與疑惑相應的受與思——有法，應當是疑惑，因為是

---

63 **色法以外義成立**　一切有部、經部宗認為由諸多無方分微塵積累形成的粗分色法，即為色法外義，並承許其存在。應成派雖然也承許有色法外義，但並不認同前二者之想法，而認為世間共許不為有情相續所攝的外在色法，即為色法外義。唯識宗則認為此為所破，因為一切諸法皆是與心識同一體性，當見到色法別於自心，宛如在境那方獨立存在，與自心毫無相關時，此種顯現僅是無始劫來串習種種無明所致的習氣成熟使然，並非色法本身即處於心識之外，因此不承許有外義。參見《東噶辭典》冊下，頁 1347、1348；《貢德大辭典》冊 3，頁 44。

游移兩端的覺知的緣故。如果承許的話，那麼應當是根本煩惱，因為是疑惑的緣故。不能如此承許，因為是遍行[64]的緣故。

又有人說：「具有對於自境游移兩端的行相的煩惱，這是其性相。」那麼與疑惑相應的隨煩惱有法，應當如此，因為如此的緣故。因容易理解。如果承許的話，那麼就應當是根本煩惱了！

又有人說：「如此的根本煩惱，這是其性相。」那麼與疑惑相應的貪有法，應當如此，因為如此的緣故。因容易理解。不能如此承許，因為是與彼相應的覺知的緣故。三輪！

自宗：由以自力使覺知於自境游移兩端[65]的那一分而安立的根本煩惱，這是疑惑的性相。其中可分為合理疑惑、非理疑惑與等分疑惑，共三種。第一者，即如心想「聲音是常還是無常？大概是無常」的懷疑；第二者，即如心想「聲音是常還是無常？大概是常」的懷疑；第三者，即如心想「聲音是常還是無常？究竟是如何？」的疑惑[66]。

---

64 **遍行** 某一類心所的名稱，共五種，分別為受、想、思、觸、作意。此類心所會遍佈在每一個心王各自的心所群當中。換言之，由於任何一個心王都會擁有這類心所，因此名為遍行。

第九章

分別心的論述

導讀

　　分別心是一種以顯現義共相的方式而趣入境界的心識。平時我們所有用「想」的方式趣入境界的心識都屬於分別心。

　　分別心的性相為「可將聲義交混執取的耽著識」。「耽著識」，排除了分別心是現前識等離分別的心識，指出其趣入境界的方式，不是被動地映現境界，而是主觀地趣入境界。對於「聲義」一詞，不同的因明論著中有不同的解釋角度。有的論著將「聲義」理解為分別心的顯現境，分別心會將顯現境與所執取的對境交混顯現而執取。而這的確是分別心最大的共通特點，所有的分別心都會顯現某個事物的義共相，而且將這個事物的義共相與該事相混。

　　而在本論當中的詮釋角度則為：可將聲共相與義共相交混而執取的耽著識。所謂的「將聲共相與義共相交混而執取」，就比如說，還不知道瓶子為何物前，我們聽到了瓶子一詞的時候，心中會現起「瓶子」這個聲音的義共相，此即瓶子的聲共相，而隨

著我們對於瓶子有了進一步的認知，我們心中也會現起「瓶子」的義共相。將瓶子這個聲音的義共相與瓶子的義共相連結、交混起來，這就是將聲義交混的意思。本章中提到，分別心具有這種能力，但是並非所有分別心都將聲共相與義共相交混執取，因為並不是所有分別心都會顯現聲共相，比如說不懂語言的有情相續中的分別心。

分別心是透過聲共相或義共相而顯現境的行相，所以絕對不像眼識等現前識那麼明晰地顯現境界。雖然如此，但是一般凡夫的現前識能夠認知的境界非常有限，對於許多義理，必須透過分別心去認識、了解，否則根本沒有任何證達的可能性。所以對於四諦、無我等法，最初一定是由分別心證達，再經過數數地串習達到修所成的奢摩他、毗缽舍那的程度，最後才會現前證達。

由於經典中提到了無分別或離分別的高深境界，有一類誤解佛經的人，便一味地標榜不要起任何分別，最好什麼都不要想，這完全是誤解佛陀的意趣。佛經當中所說的離分別、無分別、遠離虛妄分別，是有許多不同的層次的。依照不同的情況，經中所指的意思，或者是指不要顛倒地執取對境；或者是指專一所緣，不要去分別當前所緣以外的境界；或者是指對於諸聖諦經由長時

串修，最終達到現前證達的證悟境界。但無論是哪一種解釋方式，佛陀都未曾遮止過生起分別心。而且佛經當中宣說了聞思修的次第，數數教誡弟子應當善思念佛所教授的法，由此觀之，豈有在凡夫位時即斷除一切分別心的修法？更何況以不起念想的方式，想要斷除分別心，不啻乎緣木求魚，這種想法本身就是一種分別心。所以想要獲得現證無我、現證一切諸法的果位，一定要經過分別心證達的階段，最終才能獲得。

因此，在心類學中，了解了分別心的體性與作用、支分，我們能更正確地理解：在現前的階段，哪些分別心應該努力斷除，哪些應該努力生起，能使我們在修道的過程中避免歧途，順利地依著次第生起證德。

分別心的論述

　　根本科判第六科與第七科、解說現前識與比量，分為三種覺知：一、解說以自相作為顯現境的現前識；二、解說以共相作為所取境的分別心；三、解說以具有清晰顯現的不存在的事物作為所取境的無分別顛倒識，共三種。

　　為了宣說第一種，而提出陳那論師的《量經》中[65]「遠離結合名與類別等的分別心，即現前識」這段教典。為了宣說第二種，而提出[66]「結合名與類別等的分別心」這段教典。為了宣說第三種，而提出[67]「相似現前識有翳障」這段教典。

---

65 《量經》中　引文今人法尊法師譯《集量論‧現量品》作：「現量離分別，名種等合者。」見《法尊法師全集》冊 3，頁 102；《丹珠爾》對勘本冊 97，頁 3。

66 而提出　見前註 65。

67 而提出　引文今人法尊法師譯《集量論‧現量品》作：「似現有膜翳。」見《法尊法師全集》冊 3，頁 102；《丹珠爾》對勘本冊 97，頁 4。

本章節中的辨析分為破立斷三科。第一科：

有人說：「將聲義交混執取的耽著識，這是分別心的性相。」那麼牛相續中的執取犢子的分別心有法，應當是將聲義交混執取的分別心，因為是分別心的緣故。如果承許的話，那麼彼有法，應當是執取聲共相的分別心，因為如此承許的緣故。不能如此承許，因為是不知道語言的補特伽羅相續中的分別心的緣故。

又有人說：「是知道語言的補特伽羅相續中的分別心的話，遍是將聲義交混執取的分別心。」那麼聲聞的加行道煖位[68]的修所成所屬的分別心有法，應當是將聲義交混執取的分別心，因為如此承許的緣故。如果承許的話，那麼彼有法[67]，應當是執取聲共相的分別心，因為如此承許的緣故。不能如此承許，因為是修所成所屬的覺知的緣故。

---

68 **聲聞的加行道煖位** 聲聞加行道四種位次，煖位、頂位、忍位與世第一法位中的最初階段。依靠在資糧道上品時所獲得的以義共相證達無我的奢摩他，更進一步獲得以義共相證達無我的止觀雙運時，即進入加行道煖位。就如鑽動燧木而未生出火前的煖熱，是生火的前兆，加行道第一階段亦為能燒毀煩惱薪木之前兆，故名煖位。參見《阿毗達磨俱舍論》冊下，頁493。

第二科、自宗：

可將聲義交混執取的耽著識，這是分別心的性相，因為「可將聲義交混」顯示不遍將聲義交混執取；「耽著識」遮除有彼與離分別的共同事的緣故。其中可分為合乎事實的分別心與不合乎事實的分別心二種。自境存在的分別心與合乎事實的分別心同義，自境不存在的分別心與不合乎事實的分別心同義。具有殊勝方便的分別心，與遍處三摩地所屬的分別心[68]的境雖然不存在，但是並非自境不存在的分別心。又其中可分為聞思修三者所屬的這三種。只從聲共相的角度執取的分別心，這是聞所成所屬的分別心的性相。思惟義理而獲得定解的耽著識，這是思所成所屬的分別心的性相。數數熟習思所成義的上界地所攝的耽著識，這是修所成所屬的分別心的性相。

第十章

量的論述

導讀

　　量，是一種正確認知的覺知，而在應成派以下的宗派，認為「量」還必須是一種新證達的覺知，故量的性相為「新而不欺誑的明了」。

　　過去許多學習量學的人，對於量的認知有所誤解，主要原因來自於對於「新而不欺誑的明了」這個性相中的「新」、「不欺誑」、「明了」三個條件未能完整地認識。

　　有的人在量的條件中去掉了「新」，使得量與再決識的分界混淆。然而陳那論師的著作中明確地說到量不是一再地認識，這意味著量必定是一種新認知的心識。有的人在量的條件中去掉了「明了」，以為不欺誑的話一定是心識。但是實際上「不欺誑」包含了不欺誑的境與不欺誑的有境，任何存在的事物都是不欺誑的境，而量只是不欺誑的有境當中的其中一種，因此去掉了心識這個條件，就會使得量的範圍太廣。

　　量的生起，意味著對於過去不了解，或了解不透徹的事物首

度認知，或者是有進一步更深入的認知。因此，如何生起量的過程，與如何進道的過程息息相關。本章主要針對量的性相進行較全面地立破，後續的章節當中，對於量的分類與相互之間的關係，還會再進一步更細緻地探討。

量的論述

　　根本科判第二科、分為六種覺知當中，分為六科：為了宣說量與非量的論述，在陳那論師的《量經》中說[69]：「成為正量，承諾利益眾生。」其中的「成為正量」的「量」，法稱論師為了宣說其性相的一部分，而提出[70]：「量為具有無欺誑的心識。安住於能作用，即為不欺誑。」又為了宣說其性相的另一部分，而提出[71]「顯明未知的意涵也是」這段教典。

　　為了宣說量的數量決定，陳那論師的《量經》中說[72]：「現

69　**《量經》中說**　引文今人法尊法師譯《集量論·現量品》作：「定量欲利生。」見《法尊法師全集》冊 3，頁 102；《丹珠爾》對勘本冊 97，頁 3。

70　**而提出**　引文出自《釋量論》第二品，今人法尊法師譯《釋量論·成量品》作：「量謂無欺智。安住能作義，不欺。」見《釋量論》頁 50；《丹珠爾》對勘本冊 97，頁 500。

71　**而提出**　引文出自《釋量論》第二品，今人法尊法師譯《釋量論·成量品》作：「顯不知義爾。」見《釋量論》頁 51；《丹珠爾》對勘本冊 97，頁 500。

72　**《量經》中說**　引文今人法尊法師譯《集量論·現量品》作：「現與比是量，二相

前識與比量為量，二相為所量。」法稱論師為了宣說其意涵，而提出《第三品》中[73]「由於有二種所量，所以有二種量」這段教典。為了宣說數量決定的目的，《釋量論・第三品》中說[74]：「因此見到量為二種，除遣了一種與三種等。」又潛隱解脫源為了宣說其意涵，在《推理語》中說[75]：「透過說『二種』，而除遣了承許為一、三、四、五、六、七種的緣故。」同樣地，澤大里、寶金剛與蓮花戒等也如此承許的緣故。

　　辨析分為破立斷三科。第一科分為三科：[一]、**觀擇量的體性；**[二]、**觀擇數量決定；**[三]、**觀擇數量決定的目的。第一科：**

　　有人說：「不欺誑的心識是量的性相，因為提到：『量為具有無欺誑的心識』的緣故。」回答不遍[69]。那麼再決識有法，應

是所量。」見《法尊法師全集》冊 3，頁 102；《丹珠爾》對勘本冊 97，頁 3。

73　**《第三品》中**　此處第三品為《釋量論》第三品。引文今人法尊法師譯《釋量論・現量品》作：「所量有二故，能量唯二種。」見《釋量論》頁 91；《丹珠爾》對勘本冊 97，頁 526。

74　**《釋量論・第三品》中說**　引文今人法尊法師譯《釋量論・現量品》作：「見二所量故，除遣三一數。」見《釋量論》頁 100；《丹珠爾》對勘本冊 97，頁 531。

75　**《推理語》中說**　《推理語》，因明論典，共 3 品，大班智達潛隱解脫源著，尚無漢譯。作者生平不詳。引文見《丹珠爾》對勘本冊 106，頁 938。此段蓋取其大意，非錄原文。

當是量，因為是不欺誑的心識的緣故。應當如此[70]，因為是再決識的緣故。如果承許前面的宗，彼有法，應當是新證引生自己的前覺知所未證達之義的覺知，因為是量的緣故。周遍，因為如果將一個引生自己的前覺知一再證達的覺知安立為量的話[76]，量的數量決定就會有無窮盡的過失的緣故。應當如此[71]，因為提到「顯明未知的意涵也是」，宣說這兩段有其作用的緣故。應當如此，因為《量經》中說[77]：「不是再再地了知，因為會成為無窮盡，就像回憶等等」的緣故。

另外，是不欺誑的心識的話，應當不遍是量，因為量的性相的字詞中，透過說「新」而除遣證達已證的明了，以及其他覺知所執取等等是量的緣故。為了宣說這點，在澤大里的《童蒙入推理論》中說[78]：「透過說執取未執取而除遣憶念等等」的緣故。

---

76 **如果將一個引生自己的前覺知一再證達的覺知安立為量的話** 各本原文皆如此，然此段意涵應為，如果將一個對於引生自己的前覺知已證達的事物重複證達的覺知安立為量的話，量的數量決定就會有無窮盡的過失。故完整意涵應補上「已證達的事物」。

77 **《量經》中說** 見前註50。

78 **《童蒙入推理論》中說** 《童蒙入推理論》，因明論典，共3品，澤大里大師著，尚無漢譯。作者為阿底峽尊者的密乘上師之一，著有諸多顯密論典，為假相派的中觀祖師。參見《東噶辭典》頁1761；引文見《丹珠爾》對勘本冊106，頁901。

　　有人說：「『不欺誑』與『心識』二者所除遣的顛倒分別並無差異。」又有人說：「是前者所除遣的話，遍是後者所除遣；是後者所除遣的話，遍是前者所除遣。」那麼具足「心識」的意涵的話，應當遍具足「不欺誑」的意涵，因為如此承許的緣故。如果承許的話，那麼執陽燄為水的眼識有法，他應當具足「不欺誑」的意涵，因為具足「心識」的意涵的緣故。應當如此，因為是心識的緣故。不能如此承許，因為不是獲得自己所決斷義的心識的緣故。為了宣說這點，澤大里在《童蒙入推理論》中說[79]：「透過說『無欺誑者』而除遣造成欺誑的執陽燄為水等等」的緣故。

　　另外，具足「不欺誑」的意涵的話，應當遍具足「心識」的意涵，因為如此承許的緣故。如果承許的話，那麼火燄燃燒有法，應當具足「心識」的意涵，因為具足「不欺誑」的意涵的緣故。應當如此，因為是不欺誑的緣故。應當如此[72]，因為此處不欺誑中，有不欺誑的境與不欺誑的有境二者的緣故。為了宣說這

79　《童蒙入推理論》中說　引文見《丹珠爾》對勘本冊 106，頁 901。

點，在天王慧論師的釋論中說[80]：「事物自己的作用成立之後，如所承許之義體性不欺誑者，為境的法。」又彼論中說[81]：「不欺誑的心識，是有境的法」的緣故。

有人說：「是無欺誑的有境的話遍是心識。」那麼「火燒柴薪」這句話有法，應當是心識，因為是無欺誑的有境的緣故。應當如此，因為是具有諦實義的話語的緣故。

有人說：「是於自境不錯亂的無欺誑有境的話，遍是心識。」那麼於自境所屬的色不錯亂的眼根有法，應當是心識，因為是於自境不錯亂的無欺誑有境的緣故。應當如此，因為這樣的眼根存在的緣故。應當如此，因為就是為了遮除這樣的眼根與聲音等等是心識，而說到「心識」的緣故。為了宣說這點，在《童蒙入推理論》中說[82]：「透過說『心識』，而除遣不是心識的諸

---

80 **天王慧論師的釋論中說** 此論原名《釋量論釋》，又名《釋量論釋難》、《天王慧疏》，因明論典，共 3 品，尚無漢譯。作者為法稱論師之親傳弟子。此論係法稱論師自己注釋《釋量論》第一品後，特命作者完成後三品之解釋，並將其究竟密意解為唯識實相宗之見地。其主要弟子有釋迦慧論師。參見《拉卜楞寺志》頁 179。引文見《丹珠爾》對勘本冊 98，頁 3。

81 **彼論中說** 引文出自天王慧論師的釋論。見《丹珠爾》對勘本冊 98，頁 4。

82 **《童蒙入推理論》中說** 引文見《丹珠爾》對勘本冊 106，頁 901。

根等等。」

第二科[73]、自宗：

新而不欺誑的明了，是量的性相，因為透過說「新」而遮除再決識與證達已證的明了是量；透過說「不欺誑」而遮除於自境錯亂的顛倒識等等是量；透過說「明了」而遮除了一切有部承許具色眼根[83]為量，以及吠陀派承許吠陀為常法與自生的量等等的緣故。

第三科、斷除諍論：

有人說：「遍智有法，他第二剎那應當不是量，因為彼是再決識的緣故。應當如此，因為彼是證達已證的明了的緣故。應當如此，因為彼第一剎那新證一切法的緣故。」回答不遍，因為[74]彼第一剎那雖然新證一切法，但是彼第二剎那[75]也對於與自己同時成立以及出生的事物，如其出生的情況而同時新證[76]的緣故。《推理語》中說[84]：「其行境[85]是先前所無，因而為具有

83　**具色眼根**　即眼根，與眼、眼界同義。意指既是主要能將眼識出生為只看見色法的因，又是澄淨的內色。

84　**《推理語》中說**　引文見《丹珠爾》對勘本冊 106，頁 934。

85　**行境**　一般指了知、思考或活動、受用之範圍，此處指心識所執取的對境。

先前未證達的行境[77]」的緣故。不能如此承許，因為《顯明解脫道》中說[86]：「我無論怎麼向內思考，都不覺得有不是量的遍智以及量不遍是新證」的緣故。

又有人說：「是量的話，應當遍於自己的顯現境新而不欺誑，因為是量的話，遍於自己的所量新而不欺誑的緣故[78]。」回答不遍。那麼比量有法，應當如此，因為如此的緣故。不能如此承許，因為於自己的顯現境錯亂的緣故。應當如此，因為是將義共相錯以為義而執取的覺知的緣故。應當如此，因為是分別心的緣故。

另外，「現前識第二剎那有法，應當不是再決識，因為是量的緣故，而這是因為[79]是新而不欺誑的明了的緣故。應當如此，因為其所要新見知的色法存在的緣故。應當如此，因為與其同時成立的色法存在的緣故。」回答不遍，因為彼不能同時新證與其同時成立的一切法的緣故。

另外，「證達聲音為無常的比量所引生的決定識有法，應當

86　**《顯明解脫道》中說**　《顯明解脫道》，因明論典，全名《釋量論疏‧無倒顯明解脫與一切智智之道》，賈曹傑大師著，尚無漢譯。引文見《傑擦‧達瑪仁欽文集》冊6，頁227。

是量，因為是此處的這個量的緣故。應當如此，因為聲音無常是新出生，而且他是見知彼的覺知[80]的緣故。」回答不遍。第一個因成立，因為是實事的緣故。

又有人說：「是量的話，應當遍沒有自己所要新遮除的增益，因為在比量是如此的緣故。應當如此，因為在證達聲音無常的比量是如此的緣故。應當如此，因為見知成立聲音為無常的隨品遍的量，對於執聲音為常法已經遮除增益的緣故。」有人回答不遍。「應當如此，因為已經遮除對於聲音一味執取為常法的增益的緣故。」回答不遍，因為彼所要新遮除的游移兩端的增益存在的緣故。

對此有人說[81]：「證達聲音無常的比量，應當不危害執聲音為常法的俱生增益，因為彼對於俱生的執聲音為常法已經遮除增益的緣故。」回答不遍，因為彼雖然證達俱生增益的耽著境不存在，但是並未危害彼，這樣的區別合理的緣故。「應當如此，因為《心要莊嚴疏》中說[87]：『就像證達聲音無常的比量，雖然證

---

87 《心要莊嚴疏》中說　《心要莊嚴疏》，全名《般若波羅蜜多口訣現觀莊嚴論釋顯明義‧心要莊嚴疏》，共8品，賈曹傑大師著。此論係宗喀巴大師於熱振寺宣講《般若經》結合《現觀莊嚴論》之教授時，內容與早年所著《金鬘論》有些許不同，弟子遂請求再著述一部現觀注疏。大師應允，並指示賈曹傑大師記錄所授教

達執聲音為常法的俱生增益的耽著境不存在，但是僅危害現行的遍計，而未危害俱生一般』的緣故。」回答至極不遍，因為這是指該比量雖然能暫時遮除現行的遍計，但是並未危害俱生一再生起的意涵的緣故。

　　又有印度論師也說：「在法稱的學派中，理應如應成派那樣，僅安立不欺誑的心識為量的性相，因為論中說[88]『量為具有無欺誑』的緣故。」回答不遍，因為這段教典顯示量的性相[82]的不欺誑的心識，而在意義上引生[83]「是否僅此就夠了？是不夠的。」所以也必須是新證之前尚未決斷或未執取的意涵。為了宣說這點，論中說[89]：「顯明未知的意涵也是」的緣故[84]。其中說「也是」的目的存在的緣故。應當如此，因為這二段教典各顯示了量的性相中的一部分的緣故，而這是因為[85]天王慧說[90]：「『量為具有無欺誑的心識』顯示了量一部分的性相；『顯明未

義，筆之成書，成為格魯後代學僧學修現觀之重要參考鉅著。引文見《傑擦・達瑪仁欽文集》冊 2，頁 121。

88 **論中說**　見前註 70。

89 **論中說**　見前註 71。

90 **天王慧說**　引文出自《天王慧疏》。見《丹珠爾》對勘本冊 98，頁 12。

知的意涵也是』顯示了量一部分的性相」的緣故。

對此有人說：「這二段教典應當顯示了二種不同的量的性相，因為教典的文是如此的緣故。」回答不遍，因為這二段教典各別顯示了量一部分的性相，這是教典的意涵的緣故。

又有人說[91]：「在莊嚴論主[92]的學派中，提到『量為具有無欺誑的心識』、『即為不欺誑』只是直接顯示勝義量的性相，『顯明未知的意涵也是』，只是顯示世俗量的性相。」那麼，「量為具有無欺誑的心識」等文，應當不是解說莊嚴論主學派中總體的量的性相，因為如此承許的緣故。不能如此承許，因為這段文直接顯示其學派中勝義量的性相[86]，在此之上也直接顯示了總體的量的性相的緣故。

---

91 **又有人說** 先賢認為此段文字應有所誤植，《莊嚴論》係主張「量為具有無欺誑的心識」顯示名言量的性相，「顯明未知的意涵也是」才是顯示勝義量的性相。妙音笑大師所著《釋量論辨析》中提到：「因為《莊嚴論》認為『量為具有無欺誑』等前者開示名言量的性相，『未知的意涵』等後者開示勝義量的性相的緣故。回答不遍，因為前一段將名言量作為事相而開示總體的量的性相，後一段則開示了證達無始以來不曾了知的二空實相的勝義量的緣故。」以及「《莊嚴論》中說：『此是勝義量的性相，前者則是名言』的緣故。回答此處不遍，因為是在事相勝義量之上宣說總體的量的性相的緣故。」此外《顯明解脫道》、《釋量論廣釋・正理大海》與《正理莊嚴論》亦均如是說，特此提出，以供讀者參考。

92 **莊嚴論主** 即潛隱智源論師，為釋迦慧親傳弟子，著有《量莊嚴論》，故後世亦稱「莊嚴論主」。

第十一章

由自定解與由他定解的量的論述

導讀

　　量，有不同的分類方式，本章論述了由自定解的量，以及由他定解的量的分類方式。

　　一般而言，最常見的量的分類，是分為現量與比量，屬於無分別現前識的量為現量，屬於分別心的量為比量。而現量當中，又分成根現量、意現量、瑜伽現量、自證現量四者。如果將比量與這四種現量合起來算成五者的話，意現量、瑜伽現量、自證現量、比量這四者一定都是由自定解的量，根現量當中，有一部分是由他定解的量，一部分則是由自定解的量。

　　由他定解的量有一個最主要的特色，這種量能夠稱為量，就意味著它有新證達事物。但是，它仍有一個「究竟所量義」尚未證達，這個「究竟所量義」會被它顯現，但卻沒有被它證達，必須要依靠其他的量方可證達。由於其究竟所量義必須要依靠其他的量而證達，所以稱之為「由他定解的量」。

　　反之，但凡能夠直接證達其究竟所量義的量，這種量就是由

自定解的量。

　　由他定解的量在產生的時候，其所顯現的對境當中，會有些細緻的部分仍未證達。一般而言，所有的根現量都會有這樣的狀況。因為現前識的特點是：在顯現一事的時候，會將該事所有「成住無別同一實質」的法一併顯現。如一個根現量顯現了瓶子，同時也會顯現瓶子無常、瓶子生滅等等，但這一切並非都是這個根現量所證達的。

　　既然一般的根現量都會顯現其直接境的成住無別同一實質的法，而且並不會全部都證達，那麼為什麼不是所有一般的根現量，全部都是由他定解的量？為何承許有些是由自定解的量？

　　差別就在於，當一個補特伽羅的相續當中生起由他定解的量，這個量認識到其所認識的事物之後，在它所顯現的境界裡，還會有該補特伽羅想了解卻又不了解的部分。在本章中舉了幾個例子：不認識鄔波羅花的補特伽羅相續中的執彼現前識、意強烈貪著妙色時的不屬意現前識、遠遠地見到了火的顏色，引生「是不是火？」的疑惑的現前識。從這幾個例子來看，都可以看出一個特點，具有這些由他定解的量的補特伽羅，都會產生疑惑，而且這個疑惑的對境，或者說想要了知的內容，都有被由他定解的

量所顯現，只是沒有證達而已。這種狀況，只有在某部分的根現量當中會發生，在比量及其他的現量當中則不會發生。

　　要了解由他定解的量，一定要先了解其究竟所量義，而這正是了解由他定解的量的過程中最難理解的部分。到底什麼是由他定解的量的究竟所量義？從論典的敘述中，我們基本上可以確認，這樣的究竟所量義要有三個特點：第一個是必須被這個由他定解的量所顯現；第二個是，不被這個由他定解的量所證達；第三個是生起這個量時，該補特伽羅會想要知道這個量的究竟所量義，對它生起疑惑。

　　但是仍有一個問題待解決，我們應該如何界定這個究竟所量義的界限？當有兩個視力相同的人，同時遠遠地看到一棵雲杉樹時，有人根本不會起疑惑，有的人會起疑惑，心想這是針葉樹還是闊葉樹？有人會認出這是針葉樹，但是會再進一步疑惑：這是松樹？還是杉木？還是柏樹？有人會認出這是杉木，但是還會心疑：這是雲杉？還是冷杉？還是鐵杉？那麼什麼才是遠遠看到這棵樹的根現識的究竟所量義？是樹？還是針葉樹？還是杉木？還是雲杉？或者說，其實再往下推去，還可以引生更多細節，比如是黑雲杉還是白雲杉？一棵雲杉的成住同一實質的法有無量無

邊，可以起懷疑而想探究的點也是無量無邊，如何劃出一個界限，知道到哪裡才算是究竟所量義？

因此，一個根現量，它的究竟所量義到底應該怎麼安立，似乎不單純是由這個根現量所決定。其究竟所量義應該安立在哪，應該是與該補特伽羅所欲解的程度有關。

就像當有兩個視力相同的人，同時遠遠地看到一棵雲杉樹時，某甲只能認出它是樹，但是他無意探索那是針葉樹還是闊葉樹，甚至某甲完全不知道樹還有這種分類，更不會想探求這是什麼樹種，這時候，某甲的這個根現量就是由自定解的量，因為這個量的究竟所量義，觀待於這個補特伽羅所欲解的程度而設立為「樹」，且「樹」也被這個根現量所證達，因此它並沒有一個究竟所量義不為它所證達的。但相反的，某乙同時同一個地點看到這棵樹，他甚至認出這是一棵雲杉，但他還想知道這是哪一種雲杉，這時某乙的這個根現識反而是由他定解的量，它的究竟所量義，需要某乙走近這棵樹之後，仔細地看到才可能知道。或許，這是分辨由自定解與由他定解的核心問題。

由自定解與由他定解的量的論述

為了宣說量的支分,而提出[93]:「由自己證達自己的體性」
等四句。

本章節中的辨析分為三科:第一科:

有人說:「是量的話,遍是由自定解的量。」那麼,遠距離
地定解具有枝葉的樹自己的體性,而未定解其差別的根現識有
法,應當如此,因為如此的緣故。因為彼是現量的緣故[87]。不能
承許前面的宗,因為彼是由他定解的量的緣故[88]。應當如此,因
為是由自己定解總體[89],而由他定解差別的量的緣故。應當如
此,因為是定解如此高大的樹的總體體性後,仍須依靠其他的量
定解其差別或別相的現量的緣故,而這是因為這樣的現量存在的

---

93 **而提出** 引文出自《釋量論》第二品,今人法尊法師譯《釋量論‧成量品》作:「由
自證自體。」見《釋量論》頁51;《丹珠爾》對勘本冊97,頁500。

緣故[90]。《應理論》中說[94]：「樹的差別性——如果不存在則不出生，是由他而定解」的緣故。

又有人說：「定解自己是量不須觀待其他的覺知的明了，為由自定解的量的性相；而必須如此的明了，為由他定解的量的性相。」對於第一者，父親相續中執取兒子身形的熟稔根現識[95]有法，應當是彼性相，因為是彼名相的緣故。應當如此，因為是彼有法的緣故。如果承許的話，那麼應當定解自己是量，因為如此承許的緣故。不能如此承許，因為是其所取義的境的話，必須不是心識的緣故，而這是因為《釋量論》中說[96]：「因為根心[97]是決定的緣故」的緣故。

這麼說了之後，有人說：「我的立宗應當合理，因為是由自定解的量的話，對於自己是量的那一分遍成為量的緣故。應當如

---

94 **《應理論》中說** 　《應理論》，全名《定量論釋》，因明論典，法勝論師著，尚無漢譯。此段蓋取其大意，非錄原文。引文見《丹珠爾》對勘本冊104，頁782。

95 **熟稔根現識** 　意指於相續中頻繁生出的根現識，對於自境十分熟悉，經常緣取。

96 **《釋量論》中說** 　引文今人法尊法師譯《釋量論・現量品》作：「根心決定故。」見《釋量論》頁125；《丹珠爾》對勘本冊97，頁549。

97 **根心** 　意指以根作為不共增上緣而出生的心王，即六識的前五識。

此，因為有其名為由自定解的意涵的緣故。」回答不遍，因為對於「如果自己的所量義於境上沒有成立的話，自己則不會出生」的係屬，能夠以自力引生定解，必須在一個這樣的事物上安立的緣故，而這是因為《定量論》中說[98]：「現前識也對於『如果沒有意涵的話則不出生』是量」的緣故。周遍，因為透過「現前識也」，顯示不僅有許多由自定解的熟稔現前識等等，而且是比量的話遍是由自定解的量；透過「如果沒有意涵的話」，顯示「如果在自己的所量之上意涵沒有成立的話」。透過「則不出生」，顯示「如果在自己的所量境之上意涵沒有成立的話，自己則不會出生[91]」的係屬，這是彼的境。透過「是量」，顯示對於「如果在自己的所量之上意涵[92]沒有成立的話，自己則不會出生」的係屬成為量的情形的緣故。

因此[93]自宗當中，對於「如果在自己的所量境之上意涵沒有成立的話，自己則不會出生」的係屬，能夠以自力引生定解的

---

98 **《定量論》中說** 《定量論》，因明論典，為七部量論中有如主體的三論之一，共3品，法稱論師著，尚無漢譯。作者著述此論具有兩個目的：一是為遮止當時毀謗陳那菩薩的諸多推理師；二是見到眾多所化機不堪《釋量論》之深廣內義，而概略收攝著成此論。參見《定量論廣釋》頁4、5（賈曹傑大師著，台北：佛陀教育基金會，2010）。引文見《丹珠爾》對勘本冊97，頁618。

量，這是由自定解的量的性相[94]，因為一切瑜伽現識、一切自證現識所屬的量、熟稔現前識與比量都是彼的緣故，而這是因為《推理語》中說[99]：「『瑜伽心識與自證心識，是唯由自己而為量性；由於比量是定解的本性[95]，所以是唯由自己而為量性。』這是論師所說」的緣故。

對於「如果在自己的所量境之上意涵不成立的話，自己則不會出生」以他力引生定解的量，是由他定解的量的性相，因為《推理語》中說[100]：「因此現前識是唯由自己而為量，有一類是由他」的緣故。其中可分為：最初現前識、不屬意現前識[96]與具錯亂因，共三種，因為像不認識鄔波羅花的補特伽羅相續中[97]的執彼現前識是第一者；像意強烈貪著妙色時的不屬意現前識是第二者；像遠遠地見到了火的顏色，引生「是不是火？」的疑惑的現前識是第三者的緣故。

---

99 《推理語》中說 引文見《丹珠爾》對勘本冊 106，頁 936。

100 《推理語》中說 引文見《丹珠爾》對勘本冊 106，頁 936。

第十二章

量的數量決定的論述

導讀

　　量最常見的一種分類法為現量與比量。現量即是無分別現前
識所屬的量，而比量即是分別心所屬的量。去掉總體的「量」，
與並列的「現量與比量二者」這類的事例，所有的量都可以被現
量或比量所含括。過去，量曾經被分為一種、三種、四種、五
種、六種，而這些分類方式不是有太少的問題就是有多餘的問
題，唯有現量與比量可含括所有的量。因此量論的祖師們提出現
量與比量的這種二分法，以破除上述錯誤的分類方式。

　　除去總體與並列的例子，量之所以可以被這兩種量所含攝，
其實推到源頭，就是因為除去總體與並列的例子後，所有的心識
都可以被分別心與無分別識所含攝。分別心與無分別識未必都能
證達事物，但是從這二者認知對境的方式，就可以看出這兩類心
識有一個很大的分界點。

　　經部宗承許，無分別識在證達事物時，一定是顯現自相而證
達所證達的境；分別心在證達事物時，則一定是顯現共相而證達

所證達的境。所有的分別心都是以某個義共相作為顯現境，因此，分別心在證達事物的時候，也是以某個義共相作為顯現境而證達事物，而這種以義共相作為顯現境而證達事物的量，就是比量。由於義共相屬於常法，屬於共相，因此說比量是顯現共相而證達事物。無分別的現前識的特色是只能以自相、或者說無常法、因緣、所作作為顯現境，無法以常法作為顯現境。因此說，無分別的量是以自相作為顯現境而證達事物的。

《釋量論》中即是以顯現境這個角度來詮釋為何量的數量決定為現量與比量二者。《釋量論》中說：「由於有二種所量，所以有二種量。」一般而言，我們時常將所量這個詞解為所證達的事物。但是在這裡指的是所取境，也就是顯現境。唯有現量才能以自相作為顯現境，唯有比量才能以共相作為顯現境，所以是由這兩種顯現境區分出兩種量。

有的人誤解此義，將這裡所說的所量解作所證達的事物，因而把這句話解為：「因為有自相與共相兩種所量，現量所證達的事物都是自相，而比量所證達的事物都是共相。」這是一種誤解，因為現量也能證達共相的事物，如證達沒有瓶子的地方的眼識，能夠間接證達「該處無瓶」這樣的常法、共相的事物；而比

量更是能證達無常、所作等自相、無常法的事物。量論的用語往往簡約而深邃，在解義的時候，一定要依據善知識所傳授的定量釋論的解釋，才不會引生誤解。

量的數量決定的論述

量的數量決定的原因分為破立斷三科。第一科：

有人說：「量的數量決定為現量與比量二者[98]的原因存在，因為是二種量的所量數量決定為自相共相二種[99]的原因所致的緣故。應當如此，因為論中說[101]：『由於有二種所量，所以有二種量』的緣故。」回答不遍。那麼二種量的所量應當分別決定為自相共相二者，因為如此承許的緣故。如果承許的話，那麼比量的所量就應當遍是共相，而現量的所量應當遍是自相了！因為如此承許的緣故。不能如此承許[100]，因為這二者各各的所量中都各有自相共相二種的緣故。應當如此，因為是自相共相其中一者的話，證達自己的二種量遍都存在的緣故。應當如此，因為這二種量的所量中，各有自己的所取境所屬的所量，以及非彼的趣

---

101 **論中說** 見前註 73。

入境所屬的所量二者的緣故，而這是因為《童蒙入推理論》中說[102]：「既然如此，量的境便有二種，即所取與所耽著」的緣故。

另外，二種量的所量應當不分別安立為自相共相，因為現量的所取境遍是自相，而其趣入境、直接所量與所得義等等[101]當中也有共相的緣故，而這是因為《小應理論》中說[103]：「現前識的所取是一剎那，以現前識之力出生的定解所耽著者，則是續流性」的緣故。

另外，比量的所量應當不遍為其所取境[102]，因為其所取境遍是共相，而其趣入境、耽著境、直接所量當中[103]也有自相[104]的緣故，而這是因為《小應理論》中說[104]：「因此這個比量趣入的境是自相，所取是無意涵[105]」的緣故。

---

102 《童蒙入推理論》中說　引文見《丹珠爾》對勘本冊 106，頁 955。

103 《小應理論》中說　《小應理論》，因明論典，原名《正理滴論廣釋》，共 3 品，法勝論師著，尚無漢譯。引文見《丹珠爾》對勘本冊 105，頁 123。

104 《小應理論》中說　引文見《丹珠爾》對勘本冊 105，頁 123。

105 所取是無意涵　依據如月格西解釋，此處「意涵」為「能作用」之義，此句意為比量的所取境沒有能作用。

又有人心想：「在分別心中顯現的話，遍是分別心的顯現境；而是自相的話，在分別心中遍不顯現。」以及「是實事的話，在分別心中遍是隱蔽。」錯解這二點之後，說：「是分別心的直接所量的話，遍是其所取境[105]。」那麼在分別心中應當遍是如此，因為如此承許的緣故。如果承許的話，那麼瓶子有法，應當如此，因為如此的緣故。應當如此，因為在比量中現起他的行相，而且將他作為其執取相境而執取的緣故。第一個因成立，因為是成實的話，執取他的分別心中遍現起他的行相的緣故。如果承許前面的宗，那麼彼有法，應當是其顯現境[106]，因為是其所取境的緣故。如果承許的話，那麼應當是分別心的顯現境，因為如此承許的緣故。如果承許的話，那麼應當是共相，因為如此承許的緣故。周遍，因為在分別心的顯現面成立，是共相的性相；在現前識的顯現面成立，是自相的性相的緣故。

另外，這二種量的所量中都有自相，這應當沒有差別，因為其趣入境[107]、所得義等等當中都有自相的緣故，而這是因為《應理論》中說[106]：「這二者在趣入境當中也都會得到自相，並

---

106 《應理論》中說　此段蓋取其大意，非錄原文。見《丹珠爾》對勘本冊104，頁777。

沒有差別」的緣故。

又有人只依著《正理藏論》的字面而說：「境與所量二者不是同義，因為所量遍是自相的緣故，而這是因為[108]《顯明解脫道》中說[107]：『所量唯有自相』的緣故。」回答不遍，因為所量當中有自相與共相二者的緣故，而這是因為《釋量論》中說[108]：「由於有二種所量，所以有二種量」的緣故。彼量雖然直接間接都未衡量實事，但是終歸遍依於實事，因為一切量都依於實事的緣故。應當如此[109]，因為《釋量論》中說[109]：「受行自相的緣故。」又《天王慧釋疏》中說[110]：「一切都觸及實事」的緣故。其意涵在《正理滴論賈曹傑疏》中說[111]：「是顯示不容有終究不依於自相的量。」

---

107 **《顯明解脫道》中說** 引文見《傑擦‧達瑪仁欽文集》冊 6，頁 350。

108 **《釋量論》中說** 見前註 73。

109 **《釋量論》中說** 引文各本均如是，然《顯明解脫道》、《釋量論廣釋‧正理大海》與《釋量論辨析》中引述解釋時均作：「觀擇自相的緣故」，今人法尊法師譯《釋量論‧成量品》亦作：「觀察自相故。」見《釋量論》頁 51；《丹珠爾》對勘本冊 97，頁 500。

110 **《天王慧釋》中說** 引文見《丹珠爾》對勘本冊 98，頁 15。

111 **《正理滴論賈曹傑釋》中說** 引文見《傑擦‧達瑪仁欽文集》冊 8，頁 451。

　　又有人說：「是量的所得義的話，遍是士夫所希求事；是量的趣入境的話，遍是實事。」應當不合理，因為任何量的所得義與趣入境都是同義的緣故，而這是因為《應理論》中說[112]：「因此一切量都具有趣入境」的緣故。

　　另外，是量的趣入境的話，應當不遍是士夫的所希求事與實事，因為其中有是士夫的所希求事與不是彼，而是為量所決斷而見到的趣入境這二種的緣故，而這是因為[110]《七部除意闇論》中說[113]：「量的境有二種，雖然不是士夫所希求事，但是為量所決斷而見到的趣入境」的緣故。又，前論中說[114]：「無為是無實事，所以是證達無為無實事的比量所決斷而見到的趣入境，同樣

---

112 **《應理論》中說**　此段蓋取其大意，非錄原文。引文見《丹珠爾》對勘本冊104，頁777。

113 **《七部除意闇論》中說**　《七部除意闇論》，因明論典，全名《七部量論莊嚴除心意闇》，克主傑大師著，尚無漢譯。作者為格魯派父子三尊之一，自幼被認證為克主天王之轉世，因此得克主之名。16歲論敗當代大學者博東尊勝諸方，此論即備述了當時雙方激戰的理路。23歲起跟隨宗喀巴大師遍學顯密所有教授。於賈曹傑大師退位後，繼任第三任甘丹寺法台。參見《師師相承傳》冊上，頁611；《道次第上師傳承傳》頁415。引文見《克珠·格勒白桑文集》冊10，頁116~117（克珠·格勒白桑著，北京：中國藏學出版社，2014）。

114 **前論中說**　引文出自《七部除意闇論》。見《克珠·格勒白桑文集》冊10，頁117。

地，其餘破立也同理可推」的緣故。

又有人說：「是分別心的耽著處[115]的話，遍是其耽著境；是其耽著境的話[111]，遍是其耽著處。」對於第一個立宗，那麼在執瓶分別心應當遍是如此，因為如此承許的緣故。如果承許的話，那麼其顯現境有法，應當如此，因為如此的緣故。應當如此，因為《正量匯道論》[112]中說[116]：「分別心的直接耽著處即是於事實不存在的顯現本身」的緣故。如果承許的話，那麼彼有法，應當對於自己的耽著境錯亂，因為這是他的耽著境，而且他對於此錯亂的緣故。第一個因已直接承許。第二個因成立，因為對於自己的顯現境錯亂的耽著識，這是分別心的性相[113]的緣故。如果承許的話，那麼就應當是顛倒識了！

對於量的數量決定的意涵，有人說：「是量的話，應當遍是自己所屬的現量比量其中一者，因為其數量決定為彼二者的緣故。」那麼是數量決定的話，應當必須是遮除第三聚的數量決定，因為如此承許的緣故。不能如此承許，因為數量決定當中，

---

115 **耽著處**　意指分別心所耽著的內容，包含分別心的所取境與耽著境在內。

116 **《正量匯道論》中說**　《正量匯道論》，因明論典，宗喀巴大師著，尚無漢譯。引文未見於此論。

有除遣顛倒分別的數量決定、具有目的的數量決定、歸類的數量決定與遮除第三聚的數量決定，共四種的緣故。第一個因成立，因為量的數量決定為自己所屬的現量比量二者，這不是除遣第三聚的數量決定，而且是除遣顛倒分別的數量決定的緣故。第一個因成立，因為是量的話，不遍是這二者其中一者的緣故。周遍，因為遮除第三聚的數量決定，必須像是所知的數量決定為常與無常二者，所以此二任一皆非的所知不存在一般的緣故。第二個因成立，因為是除遣承許量有一種、三種、四種與五種等等的顛倒分別的數量決定的緣故，而這是因為《推理語》中說[117]：「透過『有二種』一詞，而除遣了認為一、三、四、五、六種的顛倒分別」的緣故。

第二個因成立，因為提到比量的數量決定為自義比量與他義比量二者，這是描述為具有目的的數量決定的緣故。應當如此，因為是比量的話，雖然遍是自義比量，但是說其數量決定為這二者，是為了了知他義比量或成立語[114]也產生令他人生起比量的作用[115]，因此含攝於比量而顯示的緣故，而這是因為《量經》

---

117 **《推理語》中說**　見前註 75。

中說[118]：「比量有二種，自義是指由三相因而見到意涵[116]」等文所顯示的數量決定是具有目的的數量決定的緣故。

第三個因成立，因為提到佛道的數量決定為布施等六種，這是基於歸類的數量決定而宣說的緣故，而這是因為《經莊嚴論》中說[119]，提到佛道數量決定為布施等六種，是觀待於增上生的數量決定，以及觀待於修習二種資糧的數量決定二者等六者的緣故。

第四個因成立，因為所知的數量決定為二諦，這是除遣第三聚的數量決定的緣故，而這是因為此二任一皆非的所知不存在的緣故，而這是因為經中說：「所知也盡在世俗與勝義二諦之中」的緣故。

---

118 **《量經》中說** 引文今人法尊法師譯《集量論‧自義比量品》作：「三相因見義。」見《法尊法師全集》冊3，頁104；《丹珠爾》對勘本冊97，頁8。

119 **《經莊嚴論》中說** 《經莊嚴論》，唯識論典，全名《大乘莊嚴經論》，共21品，至尊慈氏著。漢譯本有唐波羅頗蜜多羅譯《大乘莊嚴經論》24品；今人寶僧譯《大乘經莊嚴論寶鬘疏》所載頌文。至尊慈氏，即至尊彌勒之義譯，普稱彌勒菩薩。著有慈氏五論：《現觀莊嚴論》、《經莊嚴論》、《辨中邊論》、《辨法法性論》、《寶性論》流傳世間。此論廣集大乘經典所說菩薩行的要義，並開示唯識宗的空正見。此段蓋取其大意，非錄原文。引文原文唐波羅頗蜜多羅譯《大乘莊嚴經論‧度攝品》作：「不著及不亂，不捨亦增進，淨惑及智障，是道皆悉攝。為攝三學故，說度有六種，初三二初一，後二二一三。」引文見《大正藏》冊31，頁627、628；《丹珠爾》對勘本冊70，頁851。

第二科、自宗：

量的數量決定為二種，因為其數量決定為現量與比量二者的緣故。

第二科：其數量決定為這二種的目的存在，因為是為了除遣承許其數量決定為一、數量決定為三等等的顛倒分別的緣故。

第三科：有其原因，因為其所量中，顯現境或所取境的所量的數量決定為自相共相二者，是此原因所致的緣故。應當如此，因為數量決定為二者：將所量自相作為顯現境，從這個角度而為現量，以及將共相作為顯現境，從這個角度而為比量的緣故。

第十三章
現前識的論述

導讀

在經部宗的承許中，「現前識」必須要具有三個條件：離分別、不錯亂、明了。現前識是直接映現境界，並不是以分別尋思的方式趣入於境。然而現前識還需要無錯亂，因為，無分別識如果錯亂的話，就一定是顛倒識，然而對於分別心而言，是錯亂識未必就是顛倒識。無分別識與分別心有一點較大的差別：由於其趣入境界的方式不同——分別心一定會對義共相有所錯亂，故一定是錯亂識，但是分別心能在錯亂的狀況下證達對境而可成為量，像比量這樣的心識，就既是錯亂識又是量。

對於此點，現前識當中，是否跟分別心一樣，可以有既是錯亂識又是量的現前識？印度的論師們有兩類承許：勝王慧論師認為，像得了黃疸病的人，其眼識會將白法螺看成是黃法螺，這種錯亂的眼識在顏色方面是錯亂的，但是這樣的根識依舊能認出法螺的樣子，所以對於法螺的樣子仍可說是量。如果將白法螺看成黃法螺的根識，因為是錯亂識就不是量的話，那麼類推到比量，

由於比量是錯亂識，應該也不是量。

　　然而法勝論師則認為，錯亂的無分別識，他的錯亂分與真正的對境完全無法對上。就像白法螺沒有一分是黃色的，所以如果眼識把法螺看成是黃色的，那麼就與白色的法螺完全不相關，所以沒有一分是正確的。

　　這兩位的說法意趣都很深邃，但是賈曹傑大師說：「諸位導師依照後者而承許，所以應該如此承許」，也就是依照法勝論師的方式而承許。

　　而唯識宗當中則承許現前識容或有錯亂識，因為所有凡夫的現前識都是錯亂識，但是現前識不能是顛倒識。

　　在唯識宗的承許中，現前識同樣可分為根現識、意現識、自證現識、瑜伽現識。而有部宗與應成派，則因為不承許自證分這樣的心識，因此不承許自證現識。關於各種現前識的論述，將在下面的章節中解說。

 **現前識的論述**

　　第二科、別說各別的論述，分為二科：一、解說現前識；二、解說比量。第一科分為四科：一、體性的差別；二、數量決定的差別；三、詞義的差別；四、行境的差別。

　　為了宣說第一科，在《量經》中說[120]：「離分別為現前識」的緣故。又《釋量論》中說[121]：「現前識離分別不錯亂」的緣故。

　　本章節中的辨析分為破立斷三科。第一科：

120　**《量經》中說**　引文今人法尊法師譯《集量論・現量品》作：「現量離分別。」見《法尊法師全集》冊3，頁102；《丹珠爾》對勘本冊97，頁3。

121　**《釋量論》中說**　引文未見於《釋量論》，但見於《定量論》。見《丹珠爾》對勘本冊97，頁618。

有人說：「離分別不錯亂的明了，應當不是現前識的性相，因為在其詞句中只說離分別即可的緣故，而這是因為論中說[122]：『離分別為現前識』的緣故。」回答不遍，因為是基於前文已宣說不錯亂，而在此不說的緣故。

另外，「是『相似現前識有翳障』直接顯示的現前識的話，應當遍不是現前識，因為理應將彼結合於相似現前識而作解說的緣故。不能如此承許，因為顯現白法螺為黃色的根識、顯現樹木移動的根識等是現量的緣故。應當如此，因為對於白法螺的顏色錯亂，但是對於形狀則成為量的緣故。應當如此，因為是錯亂識所屬的現量的緣故，而這是因為[117]勝王慧如此承許的緣故。」回答不遍。因成立，因為《正量匯道論》[118]中說[123]：「勝王慧論師」乃至「由於顯現白法螺為黃色的根識、乘船時顯現樹木移動的根識等獲得了所欲求義，」又說：「由於是錯亂識所以不成為量的話，那麼比量也將不是量」的緣故。

---

122 **論中說** 見前註 120。

123 **《正量匯道論》中說** 引文未見於此論。

　　對此，有其他人說：「《量經》中說[124]的『相似現前識有翳障』這段教典的意涵應當不成立，因為暫時的錯亂因所染污的乘船時顯現樹木移動的根識與具有翳障等不是相似現前識的緣故。」

　　對此，勝王慧論師說：「沒有此過失，因為顯現白法螺為黃色的根識對於『白法螺為黃色』為相似現前識，以及顯現樹木移動的根識對於樹木不錯亂，因此獲得了所欲求義[119]的緣故。應當如此[120]，因為是現前識的緣故。」而這是因為在其所著的釋論中說[125]：「雖然如此，然而是對於黃色錯亂，而對於形狀不錯亂，因此獲得了所欲求義的緣故，所以安立為現前識」的緣故。

　　法勝論師說：「這應當不合理，因為顯現白法螺為黃色的根識沒有不被黃色所染污的一分的緣故。應當如此，因為顯現樹木移動的根識對於樹木的任何部分都不成為量的緣故，而這是因為

---

124 **《量經》中說**　見前註38。

125 **其所著的釋論中說**　即《廣大無垢有・集量論釋》，因明論典，共6品，勝王慧論師著，尚無漢譯。作者生平不詳。引文蓋取其大意，非錄原文。見《丹珠爾》對勘本冊108，頁71、72。

《小應理論》中說[126]：『是顛倒識的話，如何與樹木相遇？答：一點都沒有相遇，因為其所認知的樹木，是以種種形貌移動著，而樹木並沒有移動，因此一點都沒有相遇[121]』的緣故。」

那麼，該隨學這兩位中的哪一位呢？雖然由於這兩位的意趣都很深邃，因此難以斷定，但是理應依照無等宗喀巴大師的紹聖尊者的承許而隨學後者，因為《量經賈曹傑釋》中說[127]：「彼等之中要隨學何者呢？答：由於二位論師的意趣深邃」乃至「諸位導師依照後者而承許，所以應該如此承許[122]」的緣故。

又有人隨學莊嚴論主而說：「將門上的寶物光執取為寶物的覺知是現量」；有人隨學天王慧、釋迦慧[128]二師而說：「如此執取的覺知是比量。」應當不合理，因為這是顛倒識的緣故。應當如此，因為是對於境、體性與行相三者錯亂的顛倒識的緣故。第一個因成立，因為境——寶物不存在於門上的緣故。第二個因應

---

126 **《小應理論》中說** 引文見《丹珠爾》對勘本冊 105，頁 114。

127 **《量經賈曹傑釋》中說** 《量經賈曹傑釋》，因明論典，原名《集量論疏‧能摧邊執熱惱之正理大海》，後文亦作《集量論賈曹傑釋》，共 6 品，賈曹傑大師著，尚無漢譯。引文見《傑擦‧達瑪仁欽文集》冊 4，頁 309。

128 **釋迦慧** 作者為天王慧大師的弟子，著有《釋量論疏》。

當如此，因為寶物的光體性並不是寶物的緣故。第三個因應當如此，因為那不是寶物的行相的緣故[123]。

另外，你對這三位論師的承許的解說方式應當不合理，因為他們認為執取門上的寶物光的根識為現前識，依此而證達那個門室[129]中有寶物的覺知是比量。為了宣說這點，在《量莊嚴論》中說[130][124]：「因此，從寶物的光執取寶物的覺知，本身決定為現前識或比量」的緣故。

有隨學《正理藏論》的人說：「對於現前識的數量決定，一切有部只承許為三種[125]，經部只承許為四種，說實事師只承許為二種。」那麼，《正理藏論》中說[131]：「四種現前識為經部宗，一切有部為三種，唯識為二種。」此文應當顯示唯識師認為其數量決定為只有自證分與證義，或只有自證分與瑜伽現識二

---

129 **門室**　據如月格西解釋，此詞泛指有門的密閉空間，包含有蓋子的容器在內。

130 **《量莊嚴論》中說**　《量莊嚴論》，因明論典，原名《釋量論莊嚴》，又名《莊嚴論》，共 4 品，潛隱智源論師著，尚無漢譯。作者為釋迦慧親傳弟子，又尊稱為「莊嚴論主」。此論依唯識宗假相無垢派之見解解釋《釋量論》，而許其究竟密意為中觀應成見。引文見《丹珠爾》對勘本冊 99，頁 1270、1271。

131 **《正理藏論》中說**　《正理藏論》，因明論典，共 11 品，薩迦班智達著，尚無漢譯。參見《貢德大辭典》冊 4，頁 329、330；《東噶辭典》頁 2040。引文見《量理寶藏詳解》頁 48（薩班・滾噶堅參編著，成都：四川民族出版社，2008）。

種，因為如此承許的緣故。不能如此承許，因為就像《正理藏論賈曹傑釋》中說[132]：「這是指四種依著諸根」等等，顯示在經部唯識共通的學派中是可行的，其數量決定為四種的緣故。

又有人說：「此處宣說四種現前識，是基於除遣第三聚的數量決定而言。」那麼他心通應當是此處顯示的四種現前識其中一者，因為是現前識的緣故。不能如此承許，因為此處是對宗義斷除諍論的段落，因此沒有攝入這四種其中一者而顯示的緣故，而這是因為[126]《釋量論》中說[133]：「瑜伽證悟不可思議」的緣故。又《正理滴論賈曹傑釋》[127]中說[134]：「他心通雖然是現前識，但是並未陳述為這四種當中任何一者的支分」乃至「瑜伽證悟不可思議」的緣故。

另外，此處宣說現前識為四種，應當不是基於除遣第三聚的

---

132 **《正理藏論賈曹傑釋》中說**　《正理藏論賈曹傑釋》全名《正理藏論釋·善說心藏》，因明論典，賈曹傑大師著，尚無漢譯。此著未見於現今賈曹傑大師文集中，然實為大師本人所著，為現今許多著作所引用。引文蓋取其大意，非錄原文，見《正理藏論釋·善說心藏》頁202（薩迦班智達·慶喜幢造論，賈曹·盛寶注釋，印度：講修雙運出版社，2015）。

133 **《釋量論》中說**　引文今人法尊法師譯《釋量論·現量品》作：「瑜伽證叵思。」見《釋量論》頁159；《丹珠爾》對勘本冊97，頁573。

134 **《正理滴論賈曹傑釋》中說**　引文見《傑擦·達瑪仁欽文集》冊8，頁462。

數量決定而言，因為這是基於除遣顛倒分別而言的緣故。應當如此，因為是為了遮破一切有部認為只有眼根等是能見，以及經部對意現識的說法，並且除遣一切有部不承許自證分、外道伺察派不承許瑜伽現識等的顛倒分別的緣故。應當如此[128]，因為《正理滴論賈曹傑釋》中說[135]：「分為四種」乃至「由於除遣顛倒分別，所以是觀待於目的的數量決定」的緣故。

又有人說：「唯識宗中，是現前識的話，應當遍是不錯亂，因為《正理藏論》中說[136]：『現前識離分別不錯亂』的緣故。」回答不遍，因為意思是指「是現前識的話遍不為暫時的錯亂因所染污」的緣故，而這是因為[129]《童蒙入推理論》中說[137]：「錯亂是指翳障、乘船與旋轉火輪等，作為損害根的因緣[130]」的緣故。如果承許前面的宗，那麼異生相續中的執色根現識有法，應當如此，因為如此的緣故。如果承許的話，那麼應當對於自己的顯現境不錯亂，因為如此承許的緣故。不能如此承許，因為其中

---

135 **《正理滴論賈曹傑釋》中說** 引文見《傑擦‧達瑪仁欽文集》冊8，頁462。

136 **《正理藏論》中說** 引文見《量理寶藏詳解》頁48。

137 **《童蒙入推理論》中說** 引文見《丹珠爾》對勘本冊106，頁903，然與原文略有出入。

有顯現色法為色法、顯現色法為執色分別心所耽著事、顯現彼為
名言，以及顯現彼為外義四種的緣故[131]。《集量論賈曹傑釋》
中說[138]：「雖然唯識師承許堅固出生的心識不由這些錯亂因所出
生[132]，但是經部師才承許彼心識遍不錯亂，唯識師則不承許」
的緣故。因此《正理藏論》中所說，是基於經部唯識共通的角度
而言；唯識師自宗中，離分別且從堅固習氣所生的不欺誑的明
了，是現前識的性相，因為《定量論賈曹傑釋》中說[139]：「堅固
習氣是乃至輪迴存在之間都會趣入的緣故。從堅固習氣所出生，
即安立為不欺誑」的緣故。

又有人說：「現前識的字詞解釋及字詞趣入二者一樣。」這
應當不合理，因為在字詞解釋的時候必須從根的角度解說，在字
詞趣入的時候，必須解說為其意涵現前的緣故。第一個因成立，
因為《童蒙入推理論》中說[140]：「依著根[133]，只是稱為現前識

---

138 **《集量論賈曹傑釋》中說**　引文見《傑擦・達瑪仁欽文集》冊 4，頁 310。

139 **《定量論賈曹傑釋》中說**　《定量論賈曹傑釋》，原名《定量論大疏・善顯密
意》，共 3 品，賈曹傑大師著，尚無漢譯。引文蓋取其大意，非錄原文。見《定量
論廣釋》頁 64。

140 **《童蒙入推理論》中說**　引文見《丹珠爾》對勘本冊 106，頁 901。

字詞的原因」的緣故。《量經》中也說[141]：「由於不共因的緣故，其名言是就根而言。」月稱也在陳述下部宗義的現前識的字詞解釋時，於《四百論釋》中說[142]：「根與依著根而趣入，為現前」的緣故。第二個因成立，因為《推理語》中說[143]：「趣入現前識的字詞的原因是，對於唯現前其意涵，從共許的角度而證達，譬如泥生[144]一般」的緣故。

另外，在解釋現前識的字詞時，應當必須依著根，因為現前的對字「札得恰」如果別別拆開的話，「札帝」是趣入為「別別」與「彼及彼義」，亦即重複等；「阿恰」則趣入為五根的緣故[134]。澤大里說[145]：「由此無論任何行相[135]，意涵可以是體性，現前的意涵共許為現前的字詞的所詮」的緣故。

---

141 **《量經》中也說**　引文今人法尊法師譯《集量論‧現量品》作：「是不共因故，彼名由根說。」見《法尊法師全集》冊 3，頁 102；《丹珠爾》對勘本冊 97，頁 3。

142 **《四百論釋》中說**　《四百論釋》，全名《菩薩瑜伽行四百論廣釋》，共 16 品，月稱菩薩著，尚無漢譯。作者為中觀應成派極具代表性之傳承祖師，著有《明顯句論》、《入中論》等權威的中觀論疏及密法論典。引文見《丹珠爾》對勘本冊 60，頁 1397。

143 **《推理語》中說**　引文見《丹珠爾》對勘本冊 106，頁 937。

144 **泥生**　即蓮花的別稱。

145 **澤大里說**　引文出自《童蒙入推理論》。見《丹珠爾》對勘本冊 106，頁 901。

第十四章

根現識的論述

導讀

　　根現識為四種現前識之一，必須由眼、耳、鼻、舌、身根作為不共增上緣而生。除了顛倒錯亂的眼識、耳識、鼻識、舌識、身識，諸根識都是根現識。在四種現前識之中，根現識是我們最容易感受到，也是最主要用來認知事物的現前識。

　　根現識在了解到新的事物時，就是根現量；當它證達已證達的事物時，就是根現識所屬的再決識；當它顯現了境界卻沒有證達時，就是根現識所屬的現而不定。根現識的支分就分為這三類。

　　本章提到了根現識必備的三緣：所緣緣、增上緣、無間緣。以執藍眼識為例，藍色就是其所緣緣，因為它為執藍眼識所緣，而且是出生執藍眼識的因緣，因此稱為執藍眼識的所緣緣。

　　增上緣的增上為主宰之意，廣義而言，執藍眼識所有的因緣都是其增上緣，因為其所有的因緣都主宰著其出生。然而眼識的不共增上緣，唯有直接出生它的眼根，因為是由眼根，使眼識有

別於其他根識，能不共地執持色。

　　最後一者為無間緣，無間即沒有間隔之意。以執藍眼識為例，其無間緣為其上一剎那出生它的心識。任何根識，都必須要有其前一剎那的心識將它生為清晰明了的體性，這種前一剎那的意識或根識，就是其無間緣。

 # 根現識的論述

自宗分為五科：一、性相；二、支分；三、各各開分的意涵；四、詞義；五、數量決定的意涵。第一科分為三科：一、經部宗；二、唯識宗；三、略說上部宗義。

第一科：離分別不錯亂的明了，為現前識的性相。其中可分為：根現識、意現識、自證現識與瑜伽現識，共四種。

第二科、解說各各支分的意涵[136]：從自己的不共增上緣——具色根所出生，且是離分別不錯亂的證他心識，為根現識的性相。其中可分為執取色的彼，乃至執取觸的根現識之間五種。其中各有是自己所屬的量、再決識與現而不定的覺知三種。有前三種各別的事相，因為像執色根現識第一剎那是第一種的事相；其第二剎那是第二種的事相；像引生心想「我有沒有見到色法？」的疑惑的根現識是第三種的緣故[137]。

又這五者一一都各有三緣，因為各有自己的所緣緣、增上緣

與無間緣三種的緣故。對於執色根現識能賦予自己行相的緣，這是其所緣緣的性相，因為與色法為成住無別的同一實質的眾多粗分無常皆是彼的緣故。不安立細分的原因存在，因為要排除是時邊際剎那與極微塵[138]的緣故。其所緣緣與其所取義二者在此處是是等遍。

　　能自主出生執色根現識的緣，這是其增上緣的性相。其中可分為不共增上緣與共通增上緣二種。能不共地將執色根現識直接出生為能執色的緣，這是前者的性相。事相即如眼根。其不共增上緣之外，自主而主要出生彼的緣，這是第二者的性相。事相即如其增上緣的意。將彼出生為清晰明了[139]的緣，為第三者的性相。事相即是如[140]其無有間隔的前一刻的意識。其餘同理可推。

第十五章

意現識的論述

導讀

　　一般而言，凡夫的意現識有兩大類，一類是經由修習禪定而生起的天眼通等，以及夢境中見色聞聲幾乎與根識無異的心識。而在七部量論中所闡述的意現識，則是一種極為隱蔽，難以察覺的心識。就量論中的論述，這種意現識只會在根現識的續流結束時，非常短暫地出現一剎那。而不具足眼根、耳根者，則不會有相對應的執色意現識、執聲意現識。

　　這種極其短暫的意現識，當根現識的續流仍然現行的階段，由於根現識持續不斷地出生，因此遮止了意現識出生的機會。到了根現識的續流後際，這時候意現識才有機會出現一剎那，並顯現根現識的執取相境的第二剎那，但是由於時間太短，無法持續地存在而成為續流，因此無法證達境，短到連我們自己都無法察覺，唯有透過聖言量才能了知。

意現識的論述

第二科、意現識分為三科：一、性相；二、支分；三、出生的方式。第一科[141]：

從引生自己的根現識出生，且由執取其所取義第二剎那的自己離分別不錯亂的那一分而安立的證他現前識，這是其性相。像現藍根現識所引生的執藍意現識為其事相。透過其性相的一部分中說「執取引生自己的根現識的所取境第二剎那」而除遣了心想是否執取現在自境，以及心想他是再決識的顛倒分別，因為《推理語》中說[146]：「由於執取第二剎那的緣故，便除遣執取已執取」的緣故。透過說「等無間」而除遣了瑜伽現識，「從根現識出生」除遣了外道詰難應當沒有盲人與聾者等的顛倒分別，因為《推理語》中說[147]：「由於是從根識出生的意」乃至「透過等無

---

146 《推理語》中說　引文見《丹珠爾》對勘本冊 106，頁 948。

147 《推理語》中說　引文見《丹珠爾》對勘本冊 106，頁 948。

間緣的差別，也除遣了詰難瑜伽心識應當即是意現識」的緣故。因此，是意現識的話，遍是在根現識之後而生起，因為《推理語》中說[148]：「在根現識逝去當下，意現識即生起」的緣故。

第二科：其中可分為從執色意現識到執觸意現識五種[142]。

第三科、出生的方式：連同隨學《正理藏論》者在內，有人說：「最初出生一剎那根現識，其後出生一剎那的意現識，這之後再生起一剎那根現識等，根意交替出生，以此作為莊嚴論主的學說。

另外，最初出生一剎那根現識，其後由彼作為無間緣，以及由根作為增上緣，使根現識第二剎那與意現識第一剎那這二者因緣相等而出生。從根現識第二剎那到最後遮滅之間都是同時。這之中，有觀外的二種現前識，以及一種觀內的自證分，共三種，亦即三類現前識[149]，以此作為能樂喜婆羅門或香嘎惹南達的學說。

---

148 **《推理語》中說** 此段蓋取其大意，非錄原文。見《丹珠爾》對勘本冊 106，頁 947。

149 **三類現前識** 意指三種不同種類的現前識。

　　另外，只在根現識的續流後際[150]時出生，這是法勝論師的學派。

　　這三派的前後二者不合理，而中間一說是合理的[143]，因為《正理藏論》中說[151]：『交替與續流後際，二者都有能危害。』」

　　「莊嚴學派承許交替」應當不合理，因為藏地譯出的任何一部《莊嚴論》的注釋、注疏當中都沒有提到的緣故。應當如此[144]，因為《七部除意闇論》中說[152]：「所謂莊嚴論主承許根意交替而生，只是在智者們中這麼傳稱罷了，在任何藏譯的《莊嚴論》及其隨學者的論宗當中都未曾明言。」又《正理藏論賈曹傑釋》中說[153]：「交替出生，在現今翻譯的莊嚴論釋中從未見過」的緣故。

---

150 **續流後際**　亦即整個續流的最終點。

151 **《正理藏論》中說**　引文見《量理寶藏詳解》頁49。

152 **《七部除意闇論》中說**　引文見《克珠・格勒白桑文集》冊10，頁177。

153 **《正理藏論賈曹傑釋》中說**　引文見《正理藏論釋・善說心藏》頁208。

　　交替出生應當是低劣的說法，因為有眾多危害，而且已經背離了《釋量論》的學說，卻仍說為其學說的緣故。如果說因不成立的話，根現識依次出生時應當不會不間斷地執取境，因為根意剎那剎那交替的緣故。不能如此承許，因為《釋量論》中說[154]：「如果依次執取的話，則其領受不會無間斷地顯現」的緣故。因此，「莊嚴學派中承許根意交替」應當不合理，因為莊嚴學派中承許根現識與意現識同時的緣故。應當如此，因為此論師承許意現識為一種分別心，所以在根現識的時段也生起分別心並不相違的緣故。應當如此[145]，因為《莊嚴論》中說[155]：「從串習而安住於前，了知『此是此』者能作為現前的緣故，所以承許這便是意現識」的緣故。固然也有其與法勝論辯的情況，但在餘處再作開演。如果以此計算類別的話，要作為三類。

　　這個莊嚴學派應當不可作為《釋量論》的現前識；其中應當有成立趣入的分別心；經典與七部宣說現前識為離分別應當不合理等等，有這些過失的緣故。如果是應成派的話[146]則是容許

---

154 **《釋量論》中說**　引文今人法尊法師譯《釋量論・現量品》作：「故漸次緣者。領受彼不能。」見《釋量論》頁 125；《丹珠爾》對勘本冊 97，頁 549。

155 **《莊嚴論》中說**　即《量莊嚴論》。引文見《丹珠爾》對勘本冊 99，頁 1476。

的。

　　對於婆羅門的觀點的承許方式應當也不合理，因為翻譯過來的婆羅門論著，以及聖域智者都沒有開示其觀點，因此只成為立宗的緣故。應當如此，因為《七部除意闇論》中說[156]：「除了諸先輩傳稱這是大婆羅門的觀點之外，在任何藏譯的婆羅門論宗當中都沒有依據」的緣故。

　　另外，你承許必須作為決定三類而作計數應當不合理，因為如果想要計算為七類的話，也可以算得出來的緣故。應當如此，因為從境的角度為五類，以及根與作意二類，便有七類的緣故，而這是因為[147]《正理藏論賈曹傑釋》中說[157]：「結合境的類別[148]就成為五種，加上根與意的類別就成為七種。」又《七部除意闇論》中說[158]：「不理解在這個生起方式當中，計算有多少種類別有何重大意義，因此沒有必須計算有多少種類別[149]的必要」的緣故。

　　另外，承許眼根現識正在趣入色境的時候，該異生相續當中

---

156 《七部除意闇論》中說　引文見《克珠・格勒白桑文集》冊 10，頁 185。

157 《正理藏論賈曹傑釋》中說　引文見《正理藏論釋・善說心藏》頁 208。

158 《七部除意闇論》中說　引文見《克珠・格勒白桑文集》冊 10，頁 185。

有清晰見到色的意現識，這應當是極為低劣的，因為這與七部根本頌及釋論等開示意現識性相的一切教典[150]都相違，而且不僅如此，還與《釋量論》中[159]「不同類別雖然同時出生，但是由於一個極為清晰的心」等，以及「識趣入其餘意涵」等等眾多內容直接相違的緣故。第一個因成立，因為這與解說以根作為因，以及解說執取根現識的所取義第二剎那的一切原因都相違的緣故。這點極易證達。

另外，在婆羅門學派中，你承許最初只出生一剎那根現識，之後出生根現識與意現識二者，還有其學派中只有三類現前識，這應當不合理，因為這樣的話，就必須承許二類現前識[160]與三類現前識二者的緣故。應當如此，因為必須要有一個二類現前識[151]，而且你已經承許三類的緣故。第一個因成立，因為一開始只出生一剎那根現識的時候就是二類現前識的緣故。應當如此，因為那時除了根現識與自證分二者之外，沒有其餘現前識的

---

159 **《釋量論》中**　引文今人法尊法師譯《釋量論·現量品》作：「異類雖頓生，由一極明心。」及《釋量論·成量品》：「由貪著餘義。」見《釋量論》頁 158、66；引文見《丹珠爾》對勘本冊 97，頁 572、510。

160 **二類現前識**　意指二種不同種類的現前識。

緣故。如果說因不成立的話，就要懂得提出在那時就成為二類現前識[152]等等的眾多過失。

因此在自宗當中，七部的意現識出生方式，就像大班智達法勝所許，是在根現識的續流後際時出生，因為彼會出生，而且根現識第二剎那以後皆是意現識、交替出生、出生三類離分別現前識，以及如同《莊嚴論》的有分別現前識，這些都不合理，已經成立過的緣故。後面那些因容易理解。第一個因成立，因為提到以意根作為增上緣的證他現前識[153]的緣故，而這是因為經中說：「了知色有二，依於眼與意」，又《集量論》中說[161]：「意也對意涵[162]」的緣故。

在根現識的時段意現識不出生，而在彼結束之後即刻出生，因為在那些時段中，是否具足出生根現識的因的聚體，這點雖然相等，然而是由於有沒有違緣而導致的緣故[154]。《七部除意闇論》中說[163]：「在續流與續流未結束之前，其因的聚體具足與否

---

161 **《集量論》中說** 引文今人法尊法師譯《集量論‧現量品》作：「意亦義」。見《法尊法師全集》冊 3，頁 102；《丹珠爾》對勘本冊 97，頁 4。

162 **意也對意涵** 此處意涵是指對境，亦即意現識面對其境的色處等等。

163 **《七部除意闇論》中說** 引文見《克珠‧格勒白桑文集》冊 10，頁 181。

雖然相等，但是有沒有違緣則不相等，因為在續流尚未結束之前，根識無間斷地出生，因此遮止了意現識生起的機會的緣故」的緣故。

意現識只會生起一剎那，因為如果產生續流，便能以感受力定解，則不會增益其為不合理[164]的緣故。周遍，因此是極隱蔽分[155]，所以透過聖言的量而成立的緣故。應當如此[156]，因為《小應理論》中說[165]：「說到意現識，這只是在宗義當中所傳稱[157]，並沒有能成立此的量。」又《正理滴論賈曹傑釋‧善說寶藏》中說[166]：「關於意現識，僅是我們依著經三種觀察而清淨的教典才能證達的事物，無法以其他量證達」的緣故。

對此有人說：「異生相續中的執色意現識[158]有法，他對於異生而言應當不是極隱蔽分，因為他是其相續中的現前識所成立的緣故。應當如此，因為為其相續中的執彼自證現識所成立的緣

---

164 **如果產生續流，便能以感受力定解，則不會增益其為不合理**　此句之義，依據如月格西解釋，意現識本非經驗所能知，故古來諸說紛紜，出現各種增益，若意現識果能相續出生，便成為諸師經驗所能定解，則不致增益諸說，甚至云其非理。

165 **《小應理論》中說**　引文見《丹珠爾》對勘本冊 105，頁 120。

166 **《正理滴論賈曹傑釋‧善說寶藏》中說**　引文見《傑擦‧達瑪仁欽文集》冊 8，頁 465。

故。應當如此，因為是其相續的心識的緣故。」回答不遍。「應
當周遍，因為是心識的話，執取自己的自證分遍存在的緣故。」
還是回答不遍，因為具有續流的心識與量，雖然遍為自證現識所
成立[159]，但是僅僅是心識，則不遍為自證分所衡量的緣故。這
也是就理解的角度而言。對你而言，那麼凡夫相續中以補特伽羅
無我作為差別的心識有法，他應當為凡夫相續中的現前識所證
達，因為為其相續中的自證現識所證達的緣故。已經承許周遍
了。應當如此[160]，因為是其相續中的證他心識的緣故。已經承
許周遍了。如果承許的話，那麼應當是聖者，因為如此承許的緣
故。其餘那些內容[161]由此便容易證達。

第十六章

自證分的論述

導讀

　　自證分，是經部宗、唯識宗與瑜伽行自續派所共同承許的四種現前識之一。

　　這幾個宗派認為，當我們生起一顆心識之後，過一陣子還能回憶起自己之前生起過這顆心識，從這一點就可以推知，我們生起一顆心識時，還會有一顆心識去證達這顆生起的心識，因為回憶的內容必須是之前曾經證達過的事物，所以如果生起的這顆心識沒有被相續中的心識證達的話，將來就無從回憶起這顆心識。

　　然而，如果這顆證達心識的心識，跟一般證達其他事物的心識一樣，在證達境的時候會有「自他」的分別，那麼這樣的心識就屬於「證他」的心識。假如這顆證達心識的心識，又是一顆「證他」的心識，而沒有「自證」，那麼他的存在就又必須再有另一顆心識來證達，我們才能知道自己有一顆能證達心識的心識。但這顆證達了「證達心識的心識」的心識，由於也是「證他」的心識而沒有「自證」，所以要了解到自己有這麼一顆心

識，就又必須要再有另一顆心識去證達它。以此推下去，就會有沒完沒了的問題。

因此經部宗與唯識宗認為，在已經確定心識生起時，必定有一顆證達該心識的心識產生的前提之下，這顆能證達的心識，一定不能將所證達的境當作是自己以外的「他」。它在證達該心識的時候，不僅不會將該心識顯現為是自己以外的事物，而且它同時還會證達自己，不需要再另外有一顆心識去證達它的存在，這樣就避免了為了成立我們能證達自己的心識，到最後會推出無窮無盡的心識的問題。

自證分的這種顯現境界的方式，被稱為境與有境的二現隱沒。也就是它在顯現境界的時候，不會出現「能顯現的心識」與「所顯現的境界」這兩者對立性的關係。也因此，它與它所顯現的心識，二者本身就是同一體性。

然而自證分也與根現識一樣，可以分成現而不定、量與再決識這三類。雖然稱為自證分，但並非所有的自證分都具有其證達的對境。當這顆心識本身太短暫，短到無法證達事物，也無法被自己察覺時，顯現該心識的自證分也就只能是現而不定。就像上一章所提到的，一般凡夫的根現識續流後際時所生的意現識，顯

現該意現識、與之同一體性的自證分就是現而不定的自證分。量與再決識的事例就如根現識的狀況一樣，同理可推。

　　自證分存在與否，在四部宗義中是一個非常大的爭議。經部宗與唯識宗持此觀點自有其理由，而應成等派別也有另一套為何我們能回憶自己的心識的論述，不需要有自證分這樣的心識也能達到，並且對於自證分的存在提出問難。在《入行論》、《入中論》中，有詳盡的辯證。

自證分的論述

　　第三科、自證分：《量經》中說[167]：「貪欲等自證分是無分別。」又《自釋》中說[168]：「由於貪欲、瞋恚、愚癡、樂與苦等自證分，不觀待於根，因此是自證現識。」為了宣說其意涵，而提出[169]「樂等體性不依於其餘」乃至「是成立相異的論述[170]」這段教典。

---

167 **《量經》中說**　引文今人法尊法師譯《集量論‧現量品》作：「貪等，自證無分別。」見《法尊法師全集》冊 3，頁 102；《丹珠爾》對勘本冊 97，頁 4。

168 **《自釋》中說**　即《集量論》自釋。引文見《丹珠爾》對勘本冊 97，頁 255。

169 **而提出**　引文出自《釋量論》第三品，今人法尊法師譯《釋量論‧現量品》作：「樂等不依餘」乃至「異建立得成。」見《釋量論》頁 124~128；《丹珠爾》對勘本冊 97，頁 548~551。

170 **是成立相異的論述**　各本均作「不是成立相異的論述」，然《顯明解脫道》與《釋量論大疏》中則均解釋為「是成立相異的論述」，法尊法師所譯《釋量論》文亦作「異建立得成」，故依《釋量論》原意修正。

本章節中分為三科：一、自證分的性相；二、支分；三、能立。第一科：

能取相，為自證分的性相。離分別不錯亂的能取相，為自證現識的性相。能取相所屬的離分別不錯亂的新而不欺誑的心識，為自證現量的性相。

第二科：其中可分為：自己所屬的量、再決識與現而不定的覺知三種，因為事相依次為：像領受眼識的自證分第一剎那為量；像這樣的自證分第二剎那為再決識；像異生相續中的執取時邊際剎那的體性所屬的意現識的自證分、勝論師相續中的執取安樂的自證分以及順世師相續中的執取比量的自證分，是現而不定的覺知的緣故[162]。

第三科、能立：

執藍眼識有法，是具有領受自己的心識，因為是具有回憶自己的憶念識的心識的緣故。如果承許的話，應當有能領受自己的自證分，因為能領受自己決定為自證分與證他其中一者，證他的能領受則被無窮盡所遮破的緣故。《定量論》中說[171]：「後時由

---

171 《定量論》中說　引文於現今《定量論》中無，而見於《集量論》。見《丹珠爾》對勘本冊 97，頁 4。

憶念，也成立二種方式與自證分，由於沒有不領受的緣故」，又《釋量論》中說[172]：「從憶念也能成立自證分」。

有人說：「自證分是心不相應行法。」那麼彼有法，應當不是現前識，因為是心不相應行法的緣故。如果承許的話，那麼就與將自證分計入現前識分為四種的其中一支直接相違。

又有人說：「沒有自證分所屬的再決識。」領受執藍根現識的自證現識有法，他第二剎那應當是再決識，因為他是具有續流的現量的緣故。因容易理解。周遍，因為《小應理論》中說[173]：「諸現前識與比量的最初剎那才是量，彼等的續流所屬的成住不異的後者則排除為量」的緣故。

對此有人說：「應當沒有自證分所屬的再決識，因為領受再決識的自證分對於再決識是量的緣故。」回答不遍，因為彼雖然對於彼是量，但是其第二剎那依然可以作為再決識的緣故。譬如現前識一般。

---

172 **《釋量論》中說**　引文今人法尊法師譯《釋量論‧現量品》作：「念亦成證我。」見《釋量論》頁 153；《丹珠爾》對勘本冊 97，頁 569。

173 **《小應理論》中說**　引文見《丹珠爾》對勘本冊 104，頁 779。

第十七章

瑜伽現識的論述

導讀

　　瑜伽現識是四種現前識之一，是透過修習毗缽舍那而出生的，唯有聖者才會具有，凡夫不可能具有瑜伽現識。

　　《釋量論》中說：「凡大慧者所觀見，一切行相都會定解。」其中「大慧者」即指聖者，「大慧者所觀見」，則提及了聖者的瑜伽現識。凡是瑜伽現識所顯現的境，全部都會被它定解。因此，瑜伽現識不會有顯現而不定解的情況，這一點與根現識、意現識、自證現識不同。瑜伽現識當中，只有量與再決識。

　　其次，一般的現前識顯現無常的事物時，會將與其為成住無別同一實質的法一併顯現，但是並不會全數證達。就執藍眼識而言，它除了藍色之外，也會現起藍色無常、藍色生、住、壞等等，但是它在這之中卻只證達藍色。而瑜伽現識見到藍色時，不僅會顯現與藍色為成住無別同一實質的藍色無常、藍色生、住、壞，而且還會現證此等諸法，這一點與一般的現前識大為不同。

　　瑜伽現識是我們所追求的成就，同時也是我們難以理解的境

界。然而法稱論師在《釋量論》中告訴了我們如何能達到這種境
界的方法：「因此無論真實與非真實，凡是對任何一者深度串
習，當串習至圓滿時，便會具有明現彼的無分別覺知之果」。別
說是真實的意涵，就算是非真實的意涵，只要一直串習，串習到
圓滿的程度，就會不待劬勞而清晰地明現。就像對一個境經過不
停地串習貪欲，最後就會自然而然地在心中明現起貪欲境的行
相。由於心的續流會無邊際地延續下去，所以只要不停地往一個
方向修鍊下去，最後對於所修義就能至極究竟地清晰顯現。瑜伽
現識之所以能修得出來，就是依著心識的這種特點而成立的。對
於想要修成解脫道的我們，這一點的認識至為重要，由此才能成
立起總體修道的論述基礎。

瑜伽現識的論述

第四科、瑜伽現識：《量經》中[174]「諸瑜伽士的尊勝者所開示，見到不染雜的純粹意涵[175]」的意涵，在《釋量論》此處宣說道[176]：「瑜伽識是修習前述這些而出生」乃至「其餘是受到染污」。

此處瑜伽現識分為三科：一、性相；二、支分；三、能立。

第一科：從串習自己的不共增上緣所屬的止觀雙運三摩地的力量所出生，並且對於自境真實義為離分別不錯亂智，這是其性

---

174 《量經》中　引文今人法尊法師譯《集量論・現量品》作：「瑜伽師所教，無雜見唯義。」見《法尊法師全集》冊3，頁102；《丹珠爾》對勘本冊97，頁4。

175 諸瑜伽士的尊勝者所開示，見到不染雜的純粹意涵　尊勝者所開示，指經論教典。整句意為諸瑜伽士不摻雜聞思教典所生起的抉擇分別，單純見到了法義的原貌。

176 在《釋量論》此處宣說道　引文出自《釋量論》第三品，今人法尊法師譯《釋量論・現量品》作：「瑜伽智前說，彼等修所成」乃至「餘者有壞染」。見《釋量論》頁128；《丹珠爾》對勘本冊97，頁551。

相[163]。

第二科：其中分為是自己所屬的量與再決識二種[164]，也有是自己所屬的三乘的見、修、無學道等等。瑜伽現識沒有現而不定，因為是彼的話，遍定解自己所顯現的一切的緣故[165]。《釋量論》中說177：「凡大慧者所觀見，一切行相都會定解」的緣故[166]。

第三科、能立：

悲愍與證達無我慧二者一一有法，透過不離串習之緣而修持，足以出生對於所修義至極究竟的清晰顯現[167]，因為是所依堅固，已經完成串習，不必再觀待於精勤的心續之法的緣故。譬如貪欲一般。就如《釋量論》中說178：「因此無論真實與非真實，凡是對任何一者深度串習，當串習至圓滿時，便會具有明現彼的無分別覺知之果」的緣故。因此，所依是唯清晰明了的心，

---

177 **《釋量論》中說** 見前註 47。

178 **《釋量論》中說** 引文今人法尊法師譯《釋量論·現量品》作：「故真非真實，彼彼善修習，由修圓滿時，其果當生覺」。見《釋量論》頁 128；《丹珠爾》對勘本冊 97，頁 551。

以成立唯明了的前際[179]與後際[180]無窮盡的正理，成立彼為堅固的緣故，而這是因為[168]《莊嚴論》中說[181]：「根是從意識而生，意識也是從彼而生，從彼又會成為彼，因此住於無始的三有」的緣故。

---

179 **前際** 意指最初的起點。

180 **後際** 意指最後的終點。

181 **《莊嚴論》中說** 引文見《丹珠爾》對勘本冊 99，頁 890。

第十八章
唯識宗的現前識
的論述

導讀

　　以上的章節，主要是經部宗，或經部與唯識共通的心類學論述。接下來的章節則特別解說唯識宗不共的心類學論述。依據科判，本來此後的文應分為四科，但是全文只有前兩科的內容，後兩科付諸闕如。

　　本章略述了唯識宗對現前識的論述。絕大多數的內容與經部相仿。唯識對於現前識較為不共的論述多集中於下一章節〈唯識宗的三緣的論述〉當中。而這一章當中只有略提到唯識對於瑜伽現識的論述小別於經部宗之處。

　　依據經部宗的承許，瑜伽現識屬於現前識，凡是現前識的心識，其顯現境中都不會有實事以外的事物。乃至於見道無間道等的瑜伽現識，也是顯現而證達了一個具有無我特徵的實事，而間接地證達了無我，並未直接顯現無我。有的唯識師對於瑜伽現識的承許與經部宗一樣，但是有的唯識師則認為瑜伽現識是能夠顯

現而直接證達無我等常法的。這也是唯識以上的宗派共同的承許。

唯識宗的現前識的論述

　　第二科、唯識宗大體也與此相似，但是如果略為解說的話，分為四科：一、現前識自己的體性；二、三緣的差別；三、解說相似現前識；四、詮說名相、解說成立性相的詞義。第一科分為三科：一、性相；二、支分；三、解說各各的意涵。第一科：

　　離分別且從堅固習氣所生的不欺誑心識，這是現前識的性相，因為《定量論》中說[182]：「其餘由於習氣堅固，所以乃至輪迴存在之間都相隨係屬者，觀待於名言中不欺誑，在此是量。」又其《應理論》中說[183]：「對於說唯識師，論師見到了堅固習氣與不堅固習氣等的論述」等等的緣故。經部唯識共通者即是如前所述，如果是指唯識不共的話，則必須如此結合。

182　《定量論》中說　引文見《丹珠爾》對勘本冊 97，頁 648。

183　《應理論》中說　引文見《丹珠爾》對勘本冊 104，頁 849。

第二科：可分為根現識、意現識、自證分、瑜伽現識四種。第一種，有從執色根現識到執觸根現識五種，這每一種各有是自己的量與再決識二種[169]，也有現而不定[170]。

第二種、意現識也與前述七部量論所宣說的體性、支分、生起方式相似。《瑜伽師地論》[184]中雖然略有差異，但在此不宣說[171]，所以可參閱彼論。第三種、自證也如前文所述，為經部師、唯識師、瑜伽行中觀師等所承許，而應成師與經部行中觀師等則不承許。第四種、瑜伽現識中，有如經部師而承許顯現境遍是自相，以及承許現證法無我二種學派。後者為《攝大乘論》[185]所說，並且與瑜伽行中觀派二者共同承許為《楞伽經》[186]的密意。

---

184 **《瑜伽師地論》** 　唯識論典，共 136 卷又 725 偈，藏傳佛教認為《瑜伽師地論》為無著菩薩著；漢傳則認為是彌勒菩薩所說。無著菩薩為唯識宗開宗祖師，約 4、5 世紀生於北印度。為求了悟般若隱義的現觀次第，前往雞足山專修十二年，終得親見彌勒。此論開示三乘行者所觀之境、所修之行、所證之果。唯識宗以此論作為主要依據的論典之一。參見《印度佛教史》，頁 121（多羅那他著，張建木譯，成都：四川人民出版社，1988）。

185 **《攝大乘論》** 　唯識論典，共 10 品，無著菩薩著。此論依循第三轉法輪《解深密經》之教義而開示大乘基、道、果的內涵。

186 **《楞伽經》** 　楞伽，師子國（今錫蘭島）之山名。楞伽又有寶物之名，即不可到達、難入之義。此經典因由往昔導師釋迦世尊入楞伽山而說，故名。參見《新編佛學大辭典》冊下，頁 1183（林光明監修，林勝儀彙編，臺北市：嘉豐，2011）。

第十九章

唯識宗的三緣的論述

導讀

　　唯識宗對心與境的關係，是認為心識所顯現的境，雖顯現為像是外在的境，實為內在心識的體性。因此在三緣當中，唯識宗對所緣緣的論述，與下部的論述大不相同。

　　以執藍眼識為例，經部宗認為，其所緣緣為執藍眼識前一剎那的執藍眼根所見的外在的藍色，當這個執藍眼根映現了藍色，下一剎那便出生了執取藍色的眼識，由於這個藍色是執藍眼識的「所緣」，而且是生出執藍眼識的「緣」，所以稱之為執藍眼識的所緣緣。

　　然而唯識宗認為，藍色固然存在，但是其存在方式並非脫離心識的體性而獨立存在於外境，而是與心識同一體性，只不過在凡夫的眼中顯現為像外境一般。在這個前提下，唯識宗所認為的所緣緣，是指「將執藍眼識生為具有藍色行相的緣」，主要必須要具足兩個條件，第一個是必須是該識的因，第二個是賦予該識所具有的境的行相。

　　唯識宗認為符合上述條件的有兩個事例，一個是「執藍眼識無有間隔的前一刻出生的藍色」，一個是「在執藍眼識的無間緣之上將執藍眼識出生為具有藍色行相的能力」——一種能將執藍眼識生為具有藍色行相的能力。這兩者都是賦予了執藍眼識具有藍色的行相的因緣。前者在經部宗的觀點中也能接受，但是後者則是唯識宗不共的承許，經部宗並不認同。至於經部宗認為藍色本身是執藍眼識的所緣緣，唯識宗則不認同此觀點。

　　在唯識宗當中，總體的藍色包含了執藍眼識的顯現所緣緣與真正所緣緣，前者即如執藍眼識所看見的藍色，由於與執藍眼識同時存在、同一體性，所以與執藍眼識並非因果關係，雖然具有所緣緣之名，但僅是假立的所緣緣。正因為包含這種假立的所緣緣在內，因此總體的藍色並非執藍眼識的所緣緣。

　　有部宗、經部宗認為所緣緣要具有的條件是：必須是與該識體性相異的所緣境。唯識宗所認為的所緣緣不必具有這個條件，以「在執藍根現識的無間緣之上將執藍根現識出生為具有藍色行相的能力」而言，此能力是心的體性，並非外境的所緣境，唯識宗認為這是執藍眼識的所緣緣，但是有部宗與經部宗則不認同。

　　本章還提到另一種唯識宗所說的假立的所緣緣。這種假立的

所緣緣，是依照對法論師容許因果同時的論述而安立的。如執藍眼識中顯現的藍色，對法論師認為這樣的藍色是執藍眼識的顯現境，並出生了執藍眼識，所以稱之為所緣緣。但是在唯識宗中，不會承許執藍眼識中顯現的藍色是其所緣緣，因為它與執藍眼識是同時、同一體性。唯識宗並不承許某個事物能生出與自己同時的事物，因此，執藍眼識中顯現的與它同時的這個藍色不是執藍眼識的因緣，自然不會是它的所緣緣，只會是其假立的所緣緣。

　　最後將經部宗與唯識宗對於所緣緣的觀點差異處歸結如下：

1. 經部宗承許總體的藍色是執藍眼識的所緣緣，但是唯識宗不承許。

2. 經部宗承許執藍眼識的所緣緣一定是藍色，而唯識宗還承許執藍眼識的無間緣之上將其生為具有藍色行相的能力，這也是執藍眼識的所緣緣，但經部宗不承許。

3. 唯識宗承許執藍眼識的所緣緣的藍色是心識的體性，而經部宗承許這是外境。

唯識宗的三緣的論述

第二科、唯識宗的三緣：《觀所緣論》中說[187]：「凡是內在的所知體性而顯現為像是外在，即是境義，由於是識的體性，所以彼也是緣本身的緣故。」此文顯示了執藍根現識顯現的所緣緣，以及其假立的所緣緣[172]，因為提到「從根識顯現為像是外在的藍色等等，是彼彼根識的境義，因為是所緣[173]，又是彼彼的緣，所以是所緣緣」的緣故。應當如此，因為彼是其識的所了

---

187 **《觀所緣論》中說** 《觀所緣論》，因明論典，陳那菩薩著，漢譯本有陳真諦三藏譯《無相思塵論》1 卷、唐玄奘大師譯《觀所緣緣論》1 卷。此論說明心外之所緣緣非有，心內之所緣緣非無之內涵。引文陳真諦三藏譯《無相思塵論》作：「於內塵相，如外而顯，立為識塵。識似現故，是識緣緣。」唐玄奘大師譯《觀所緣緣論》作：「內色如外現，為識所緣緣，許彼相在識，及能生識故。」參見《新編佛學大辭典》冊下，頁 1529。引文見《大正藏》冊 31，頁 882、888；《丹珠爾》對勘本冊 97，頁 431。

知的體性，因此是其所緣的緣故，而這是因為《自釋》中說[188]：
「內在的識，由於顯現為境義者，以及從彼而生，所以具足二種
特法，只存在於內在，便是所緣緣」的緣故。這是解說顯現的
緣。

　　不僅如此，在根識中顯現的藍色，雖然是這一個根識的本性
所屬的同時者，但是在此承許為緣，因為彼作為境而存在的話，
就會出生彼根識，不存在的話就不出生的緣故。因為《觀所緣
論》中說[189]：「雖然同時，但由於不錯亂，所以為緣。」又其
《自釋》中說[190]：「如果暫且將如此顯現者即假立為是緣，那麼

---

188 **《自釋》中說**　此處《自釋》為《觀所緣論》之自釋，原名《觀所緣論釋》，陳那
　　菩薩著，漢譯本有陳真諦三藏譯《無相思塵論》1 卷；唐玄奘大師譯《觀所緣緣
　　論》1 卷。引文陳真諦三藏譯《無相思塵論》作：「是識作內塵相，從內塵生，具
　　二法故，是故內塵名境界。」唐玄奘大師譯《觀所緣緣論》作：「為所緣緣，許眼
　　識等帶彼相起及從彼生，具二義故。」見《大正藏》冊 31，頁 883、888；《丹珠
　　爾》對勘本冊 97，頁 434。

189 **《觀所緣論》中說**　引文陳真諦三藏譯《無相思塵論》作：「是識緣緣，隨生決
　　定。」唐玄奘大師譯《觀所緣緣論》作：「決定相隨故，俱時亦作緣。」見《大正
　　藏》冊 31，頁 882、888；《丹珠爾》對勘本冊 97，頁 431。

190 **《自釋》中說**　引文陳真諦三藏譯《無相思塵論》作：「問曰，如塵起識是亦可
　　然，內塵是識一分共一時起，云何得作緣緣？」唐玄奘大師譯《觀所緣緣論》作：
　　「此內境相既不離識，如何俱起，能作識緣？」見《大正藏》冊 31，頁 883、
　　888；《丹珠爾》對勘本冊 97，頁 434。

此類一起出生者，怎麼會是緣？雖然同時」等等，乃至「說即是緣」的緣故。

這[174]只是順應諸對法論師對六因的承許而說，並不是自宗，因為這是假立的所緣緣的緣故[175]。應當如此[176]，因為《七部除意闇論》中說[191]：「這種所緣緣的道理，也僅是詮說承許因果容有同時，以及因果不遍為實質異的對法論師世親等等先輩的承許而已」等等的緣故。

宣說論師自宗的真正所緣緣[177]不容許為同時，並且所緣緣必須是與彼心識的前時所生的心識二者依次形成，而不容許同時，而這是因為[178]《觀所緣論》中說[192]：「或者由於能力為安立，所以是依次」的緣故。

因此，在前前根識之上，將後後自果根識出生為具有境的行相的彼彼能力有法，依次是後後根識的所緣緣，因為是對於這些後後自果根識安立境的行相的緣的緣故。應當如此，因為必須將

---

191 **《七部除意闇論》中說** 引文見《克珠·格勒白桑文集》冊 10，頁 158。

192 **《觀所緣論》中說** 引文陳真諦三藏譯《無相思塵論》作：「共立功能，令次第起。」唐玄奘大師譯《觀所緣緣論》作：「或前為後緣，引彼功能故。」見《大正藏》冊 31，頁 882、888；《丹珠爾》對勘本冊 97，頁 431。

此文的「能力」作為所諍事，「安立的緣故」作為能立的緣故[179]。因為如果不這麼理解，按照字面去連結的話，就會有周遍不相係屬，或者成為根識的間接因的過失[180]的緣故。應當如此[181]，因為說「堅固習氣所生」的原因存在的緣故，而這是因為[182]《七部除意闇論》中說193：「因此[183]，是將『能力』作為有法，而將『安立的緣故』結合為能立」的緣故。

這種說法應當合理，因為顯示了「在執藍根現識無有間隔的前一刻出生的藍色，以及執藍根現識的無間緣之上的將後根現識出生為具有藍色行相的能力二者有法，是後執藍根現識的所緣緣，因為是能將後根現識出生為具有藍色行相的緣的緣故」這個能立的緣故[184]，而這是因為《自釋》中說194：「顯現為境義者，由於會出生與自己顯現相順的果識，所以將能力作為識的所依並不相違」的緣故。周遍，因為「顯現為境義者」顯示藍色為所緣緣，以及[185]「能力」等顯示能力為所緣緣的緣故。應當如

---

193 《七部除意闇論》中說　引文見《克珠・格勒白桑文集》冊 10，頁 158。

194 《自釋》中說　引文陳真諦三藏譯《無相思塵論》作：「是似塵識次第起為生，似果起功能生識相續。」唐玄奘大師譯《觀所緣緣論》作：「引本識中生似自果功能令起不違理故。」見《大正藏》冊 31，頁 883、888；《丹珠爾》對勘本冊 97，頁 434。

此[186]，因為《七部除意闇論》中說195：「另外，唯識宗當中，凡是在根識中現起境的行相，一切都是由於習氣所致而現起的行相，並非從境自方賦予的行相」乃至「是將後根識出生為具有境的行相的根本緣，由於此原因而安立為其所緣緣的這個道理」的緣故。

在執藍根現識無有間隔的前一刻出生的藍色，以及在前根之上將後者出生為具有境的行相的能力二者有法，應當不是「因為既是後執藍根現識的所緣，又是緣，所以安立為後根現識的所緣緣」，因為對法學者雖然這麼說，但是在此並不合理的緣故。應當如此，因為需要一個將後根現識出生為具有境的行相的緣的緣故。應當如此[187]，因為《七部除意闇論》中說196：「另外，並非由於既是後根識的所緣，又是緣，所以安立為其所緣緣，而是由於是將這個後根識出生為具有自己所緣的行相的緣，所以稱為其所緣緣[188]」的緣故。因為《正理莊嚴論》中說197：「安立能

---

195 **《七部除意闇論》中說** 引文見《克珠・格勒白桑文集》冊 10，頁 159。

196 **《七部除意闇論》中說** 引文見《克珠・格勒白桑文集》冊 10，頁 159。

197 **《正理莊嚴論》中說** 引文見《法王僧成文集》冊 8，頁 60。

力的所緣緣，即如現藍根識的前時所生的藍色」的緣故。

　　藍色與在根現識中現起行相的藍色二者有法，具有所緣緣的二種特法，因為既是其根現識的所緣，又是緣，所以稱為「具二特法所緣緣」的緣故。這是假立的所緣緣。

　　另外，根現識無有間隔的前一刻的藍色，以及在前根現識之上將後根現識出生為具有境的行相的能力二者有法，具有所緣緣的二種特法，因為是能安立根識中所緣的行相，以及是根識的緣，具有這二者的緣故。應當如此[189]，因為《自釋》中說[198]：「如是，內在的所緣由於具有二種特法，所以承許為所緣緣」的緣故。

　　根現識有三緣，因為有其所緣緣、增上緣與無間緣三者的緣故。因此彼執藍根現識的所緣緣既不遍是其所緣[190]，其所緣也不遍是其所緣緣。該根現識的所緣緣，既不遍於其中顯現，也不遍不顯現；彼既不遍證達，也不遍不證達。其所緣緣與該根現識

198 **《自釋》中說**　引文陳真諦三藏譯《無相思塵論》作：「如此內塵具二法故，可為識境。」唐玄奘大師譯《觀所緣緣論》作：「如是諸識，惟內境相為所緣緣。」見《大正藏》冊31，頁883、888；《丹珠爾》對勘本冊97，頁435。

雖然是實質異，但是執藍根現識遍非能取所取實質異[199]的道理等等都應該了解。二種所緣緣已解說完畢。

　　無間緣與經部師相同，因為《正理莊嚴論》中說[200]：「是主要能將執色根現識直接出生為唯領受」的緣故。作為無間緣的方式有許多種，因為《正理莊嚴論》中說[201]：「未必都只由同類作為無間緣，因為也有分別心作為根識的無間緣、根識作為分別心的無間緣與執白根識作為執黃根識的無間緣的緣故。」

　　自主地將執色根現識出生為唯能執色的緣，這安立為執色根現識的不共增上緣的性相。事相，雖然經部唯識都承許具色根為其增上緣，但是經部師承許彼根為物質，唯識師則承許為前根現識的能力，而這是因為[191]《觀所緣論》中說[202]：「俱有根既是

---

199 **能取所取實質異**　能取指有境，所取為境，此二實質異，意指境與有境體性相異，別別無關，唯識宗主張此為所破。

200 **《正理莊嚴論》中說**　引文見《法王僧成文集》冊 8，頁 58。

201 **《正理莊嚴論》中說**　引文見《法王僧成文集》冊 8，頁 58。

202 **《觀所緣論》中說**　引文陳真諦三藏譯《無相思塵論》作：「二根共生，勝能為根，於識無礙。」見《大正藏》冊 31，頁 883；《丹珠爾》對勘本冊 97，頁 431。

能力的體性，也是能力[203]，這在識中也不相違」的緣故。其餘科判透過前文便容易證達。

上部宗義應成學派，在《明顯句論》[204]對量的解說中也已詳細闡述，所以應該於其中了知。

---

203 **也是能力** 各本原文皆如是，然《丹珠爾》大藏經中的《觀所緣論》，及《七部除意闇論》引述《觀所緣論》均作：「也是根」。特此說明，以供讀者參考。

204 **《明顯句論》** 中觀論典，全名《中論根本論釋·明顯句論》，共27品，月稱菩薩著。

結頌云：

對於輪迴與涅槃的功德過失、善與不善、

二諦、四諦的所有取捨，

錯亂與不錯亂的各種覺知總聚，

看啊！都在這善說澄澈的水晶中映現出來了！

上下宗義以及自他宗，

對於量與覺知的承許方式，

聖域諸大班智達的主張學說，也猶如斑斕的色彩，

在此善為顯現，就像魔術一般。

透過精勤於此的善行，

祈願一切生中，

都能將佛及佛子的教典無有錯謬地教示無餘眾生，

如實說出的曼妙之音，

令一切眾生悉得解脫！

這部《略顯心類學建立善說金鬘莊嚴論》，是贍洲智者生源具德吉祥果芒[192]的前後心類學學生，對於新講授的多種心類學廣略的差別，各別作了筆記。前後的心類學班級，再再地勸請，尤其具有正士世系的德唐活佛額爾德尼呼圖克圖，獻上八吉祥哈達、四相龍紋緞與黃金而再再勸請。因此，多聞釋迦比丘妙音笑金剛，將各版筆記進行校改，結合為合理的自宗[193]。由此也祈願令佛陀的大寶聖教，以所有的方式，一切時處廣弘昌盛！

大慈恩・月光國際譯經院真如老師總監，如月格西授義，主譯譯師釋如法2017年10月24日始譯於加國飛台途中，11月4日又自加國飛台，亦譯於途中，初稿過半。其後中止近二年。至2019年11月19日，又譯於加州，11月21日初稿譯訖。始於2020年8月15日，與主校譯師釋性忠、審義譯師釋性浩、參異譯師釋性說、審閱譯師釋性天會校，至9月26日會校訖。眾校譯師妙音佛學院預一班、預科122班、預科142班。行政：釋性勇、釋法行、釋性回、妙音佛學院。譯場檀越：林于韵居士、林士新居士、PEI大覺二班全體。

附錄一

《妙音笑心類學》
校勘表

[1] **解說有境覺知的論述；二、解說境的論述**　長函本作「有境覺知的論述；二、境的論述」（ཡུལ་ཅན་བློ་དང་། ཡུལ་གྱི་རྣམ་བཞག）。

[2] **第二科**　果芒本無。

[3] **清晰就不會明現了**　文集本原作「就不會成為清晰了」（གསལ་བ་མི་འགྱུར་ཏེ），果芒本作「清晰就不會明現了」（གསལ་བ་ནི་གསལ་བ་མི་འགྱུར་ཏེ）《丹珠爾》對勘本（以下簡稱《丹珠爾》）中的《中觀莊嚴論自釋》亦作「清晰就不會明現了」，故改之。

[4] **的緣故**　果芒本無。

[5] **為自相矛盾**　果芒本作「這二者自相矛盾」（ཟེར་བ་གཉིས་ནང་འགལ་ལ）。

[6] **其自證分**　果芒本作「此自證分」（འདི་ཡི་རང་གི་རིག་པ）。

[7] **《中觀莊嚴論自釋》**　文集本原作「《莊嚴論自釋》」（རྒྱན་རང་འགྲེལ），果芒本作「《中觀莊嚴論自釋》」（དབུ་མ་རྒྱན་རང་འགྲེལ），文義較完整，故改之。

[8] **諸決定識所不定解**　長函本作「諸決定識之不定解」（རེས་པ་རྣམས་ཀྱི་མ་རེས་ལ），然《丹珠爾》中的《釋量論》亦作「諸決定識所不定解」（རེས་པ་རྣམས་ཀྱིས་མ་རེས་ལ），故不改。

[9] **第一科**　果芒本無。

[10] **現起彼境的行相**　果芒本作「現起為彼境的行相」（ཡུལ་དེའི་རྣམ་པར་གར）。

[11] **的緣故**　果芒本無。

[12] **因為直接證達彼的比量存在的緣故**　文集本原作「因為證達彼的

比量存在的緣故」（དེ་རྟོགས་པའི་རྗེས་དཔག་ཡོད་པའི་ཕྱིར），果芒本作「因為
直接證達彼的比量存在的緣故」（དེ་དངོས་སུ་རྟོགས་པའི་རྗེས་དཔག་ཡོད་པའི་
ཕྱིར），按上下文義推斷，應以果芒本為是，故改之。

[13] **的緣故**　果芒本無。

[14] **彼現前識中直接現起自己所量的行相**　果芒本作「彼現前識直接
現起自己所量的行相」（མངོན་སུམ་དེས་རང་གི་གཞལ་བྱ་དེའི་རྣམ་པ་དངོས་སུ་ཤར）。

[15] **事相，譬如**　文集本原作「譬如事相」（དཔེར་ན་མཚན་གཞི）、長函本
作「事相，譬如」（མཚན་གཞི་ནི་དཔེར་ན），文義較通順，故改之。

[16] **遮除增益即是彼**　果芒本作「遮除增益」（སྒྲོ་འདོགས་གཅོད་པ་ལྟ་བུ་དང）。

[17] **彼比量透過現起自己所量的義共相**　長函本作「彼比量中現起自
己所量的義共相」（རྗེས་དཔག་དེ་ལ་རང་གི་གཞལ་བྱ་དེའི་དོན་སྤྱི་ཤར）。

[18] **即如證達聲音無常的比量**　果芒本作「譬如證達聲音無常的比量」
（དཔེར་ན་སྒྲ་མི་རྟག་རྟོགས་ཀྱི་རྗེས་དཔག）。

[19] **在彼之中現起自己所量的義共相**　果芒本作「彼以現起自己所量
的義共相」（དེས་རང་གི་གཞལ་བྱ་དེའི་དོན་སྤྱི་ཤར་བ་ལ）。

[20] **其他法也遮除增益**　果芒本作「其他法遮除增益」（ཆོས་གཞན་ལ་སྒྲོ་
འདོགས་གཅོད་པ）。

[21] **性相。事相**　果芒本作「性相。」（མཚན་ཉིད）。

[22] **但是透過現起餘留的行相而證達，這是直接證達**　果芒本作「但
是透過現起餘留的行相而直接證達」（ལྷག་མ་རྣམ་པ་དཀར་བའི་སྒོ་ནས་དངོས་སུ་
རྟོགས་པ་དང）。

[23] **證達** 果芒本作「證達彼」（དེ་རྟོགས་པ）。

[24] **有情也應當如此引生決定識** 文集本原作「有情以決定識應當也如此引生」（སེམས་ཅན་གྱིས་ངེས་ཤེས་ཀྱིས་ཀུན་དེ་ལྟར་འདྲེན་པར་ཐལ），果芒本作「有情也應當如此引生決定識」（སེམས་ཅན་གྱིས་ཀུང་ངེས་ཤེས་དེ་ལྟར་འདྲེན་པར་ཐལ），文義較通順，故改之。

[25] **的緣故。應當如此** 果芒本作「的緣故，而這是因為」（ཅིར་དེ）。

[26] **因為** 果芒本作「而這是因為」（ཅིར་དེ）。

[27] **的緣故。應當如此** 果芒本作「的緣故，而這是因為」（ཅིར་དེ）。

[28] **對於趣入境自相** 果芒本作「對於彼趣入境自相」（འཇུག་ཡུལ་རང་མཚན་དེ་ལ）。

[29] **現而不定的根現識、意現識與自證現識** 果芒本作「現而不定的根現識、現而不定的意現識與現而不定的自證現識」（སྣང་ལ་མ་ངེས་པའི་དབང་མངོན། སྣང་ལ་མ་ངེས་པའི་ཡིད་མངོན། སྣང་ལ་མ་ངེས་པའི་རང་རིག་མངོན་སུམ）。

[30] **其中可分為** 文集本原作「可分為」（དབྱེ་ན），長函本作「其中可分為」（དེ་ལ་དབྱེ་ན），文義較完整，故改之。

[31] **執觸五種現而不定的根現識** 文集本原作「執觸的現而不定的根現識」（རེག་འཛིན་གྱི་དབང་མངོན་སྣང་ལ་མ་ངེས་ཀྱི་བར་ཡང），果芒本作「執觸五種現而不定的根現識」（རེག་འཛིན་གྱི་དབང་མངོན་སྣང་ལ་མ་ངེས་ཀྱི་བར་ལྔ），文義較完整，故改之。

[32] **分為七種覺知當中** 果芒本作「分為七種覺知」（བློ་རིག་བདུན་དུ་དབྱེ་བ་ནི）。

[33] **這是伺察意的性相**　果芒本作「這是自己是伺察意的性相」（རང་ཡིད་དཔྱོད་ཡིན་པའི་མཚན་ཉིད）。

[34] **恰巴承許如此的性相**　果芒本作「因為恰巴承許如此的性相」（དེ། ཆ་པས་མཚན་ཉིད་དེ་ལྟར་དུ་བཞེད་པ་ལ）。

[35] **這是依著真實原因的相似定解**　果芒本作「這是依著真實原因而相似定解」（རྒྱུ་མཚན་ཡང་དག་ལ་བརྟེན་ནས་ངེས་པ་ལྟར་སྣང་）。

[36] **依著真實原因的真實定解**　果芒本作「依著真實原因而真實定解」（རྒྱུ་མཚན་ཡང་དག་ལ་བརྟེན་ནས་ངེས་པ་ཡང་དག）。

[37] **以身心同一實質因成立沒有前後世二者，何時生起沒有疑惑的定解時**　長函本作「以身心同一實質因成立沒有前後世二者的沒有疑惑的定解生起時」（ལུས་སེམས་རྫས་གཅིག་པའི་རྟགས་ཀྱིས་སྐྱེ་བ་སྔ་ཕྱི་མེད་པར་སྒྲུབ་པ་ལྟ་བུ་གཉིས་ཀྱི་ཐེ་ཚོམ་མེད་པའི་ངེས་པ་ནམ་སྐྱེས་པ་ན）。

[38] **不能以決定識、計度分別而定解**　長函本作「不能以決定識、計度分別的定解」（ངེས་ཤེས་ངེས་རྟོག་གི་ངེས་མི་ནུས）。

[39] **道理如下**　長函本作「如下」（འདི་ལྟར）。

[40] **凡大慧者所觀見**　長函本中無「所」（པོས）字，然《丹珠爾》中的《釋量論》亦作「凡大慧者所觀見」（བློ་གྲོས་ཆེན་པོས་མཐོང་ཉིད་ལས），文義較完整，故不改。

[41] **凡大慧者所觀見**　同上。

[42] **成住無別同一實質的事物**　果芒本作「成住同一實質的事物」（གྲུབ་བདེ་རྫས་གཅིག་པ）。

[43] **應當現證聲音為無常** 長函本作「他應當現證聲音無常」（ཁོང་
གིས་སྒྲ་མི་རྟག་པ་མངོན་སུམ་དུ་རྟོགས་པར་ཐལ）。

[44] **不定解自境為有無其中一者** 果芒本作「不定解自境為有為無」
（རང་ཡུལ་ཡོད་མེད་གང་དུ་མ་ངེས）。

[45] **如果不定解自境為有無其中一者的話** 果芒本作「如果不定解自
境為有為無的話」（རང་ཡུལ་ཡོད་མེད་གང་དུ་མ་ངེས་ན）。

[46] **的緣故。應當如此** 果芒本作「的緣故」（ཕྱིར）。

[47] **第二剎那等則排除為量** 長函本作「『第二剎那等則排除為量』
的緣故」（སྐད་ཅིག་མ་གཉིས་པ་དག་ནི་ཚད་མ་ཡིན་པ་སྤངས་པའོ། ཞེས་གསུངས་པའི་ཕྱིར）。

[48] **那麼** 長函本作「以及，那麼」（དང་། འོན）。

[49] **的緣故。應當如此** 果芒本作「的緣故，而這是因為」（ཕྱིར་ཏེ）。

[50] **分為不同的二類** 長函本作「區分為不同的二類」（མི་འདྲ་བ་གཉིས་སུ་
ཉེ）。

[51] **有人說** 文集本原無，今依果芒本補入。

[52] **這麼說了之後，有人說** 果芒本作「有人說」（ལོ་ན་རེ）。

[53] **因為其第一剎那證達他** 果芒本作「因為其第一剎那既證達他」
（དེ་སྐད་ཅིག་དང་པོས་ཀྱང་ཁོད་རྟོགས་པ）。

[54] **聲音** 各本皆如是，按上下文義推斷，應為「聲音無常」。

[55] **引生自己的聲聞見道無間道** 果芒本作「引生自己的聲聞的見道
無間道」（རང་འདྲེན་བྱེད་ཀྱི་ཉན་ཐོས་ཀྱི་མཐོང་ལམ་བར་ཆད་མེད་ལམ）。

[56] **已經完成所作者** 長函本作「已經完成所作量者」（བྱ་བ་བསྒྲུབས་ཆད

ལས་ལ་ནི）,然《丹珠爾》之《釋量論》亦作「已經完成所作者」

（བྱ་བ་བསྒྲུབས་ཚན་ལས་ལ་ནི）,故不改。

[57] **雖然會現行，但是並不會納受** 果芒本作「現行並且不會納受」

（མངོན་དུ་འགྱུར་ཞིང་དང་དུ་མི་ལེན）。

[58] **從共通的功德而言一致** 長函本作「共通的功德安住是一致的」

（ཡོན་ཏན་སྤྱི་གནས་གཅིག་པ་ལ）。

[59] **於自己的執取相境錯亂的明了** 果芒本作「於自己的執取相的耽
著境錯亂的明了」（རང་གི་འཛིན་སྟངས་ཀྱི་ཞེན་ཡུལ་ལ་འཁྲུལ་བའི་རིག་པ）。按,由
於耽著境為分別心所獨有,而顛倒識不僅限於分別心,也包含無
分別的顛倒識,應誤。

[60] **其中有五種支分** 長函本及果芒本作「其中可分為五種」（དེ་ལ་
དབྱེ་ན་ལྔ་ཡོད）。

[61] **色法以外義成立** 果芒本作「色法外義成立」（གཟུགས་ཕྱི་རོལ་དོན་དུ་
གྲུབ）。

[62] **同樣也可以提出與其相應的心王** 文集本原作「同樣可以提出與
疑惑相應的心王」（དེ་བཞིན་དུ་སེ་ཚོམ་དང་མཚུངས་ལྡན་གྱི་གཙོ་སེམས་འབེན），果芒
本作「同樣可以提出與其相應的心王」（དེ་བཞིན་དུ་དེ་དང་མཚུངས་ལྡན་གྱི་གཙོ་
སེམས་འབེན）,長函本則作「同樣也可以提出與其相應的心王」（དེ་
བཞིན་དུ་དེ་དང་མཚུངས་ལྡན་གྱི་གཙོ་སེམས་ཡང་འབེན་ནོ）,文義較完整,故依長函本
改之。

[63] **這是其性相** 果芒本作「為其性相」（དེའི་མཚན་ཉིད）。

[64] **與疑惑相應的染汙慧**　文集本原作「與疑惑相應的慧」（ཐེ་ཚོམ་དང་མཚུངས་ལྡན་གྱི་ཤེས་རབ），果芒本作「與疑惑相應的染汙慧」（ཐེ་ཚོམ་དང་མཚུངས་ལྡན་གྱི་ཤེས་རབ་ཉོན་མོངས་ཅན）。按，慧不會與疑惑等煩惱相應，應以果芒本為是，故改之。

[65] **以自力使覺知於自境游移兩端**　果芒本作「以自力使覺知自境游移兩端」（རང་ཡུལ་རང་སྟོབས་ཀྱིས་རྟོ་ཅི་གཉིས་པ་བྱེད）。

[66] **的疑惑**　長函本作「疑惑的緣故」（ཐེ་ཚོམ་ལྷ་དུ་ཡིན་པའི་ཕྱིར）。

[67] **彼有法**　文集本原無，今依果芒本補入。

[68] **遍處三摩地所屬的分別心**　文集本原作「漏盡三摩地所屬的分別心」（ཟག་ཟད་ཀྱི་ཏིང་ངེ་འཛིན་དུ་གྱུར་པའི་རྟོག་པ），果芒本作「遍處三摩地所屬的分別心」（ཟད་པར་གྱི་ཏིང་ངེ་འཛིན་དུ་གྱུར་པའི་རྟོག་པ），按漏盡三摩地所屬的分別心的耽著境並非不存在，應以果芒本為是，故改之。

[69] **回答不遍**　果芒本無。

[70] **應當如此**　長函本無。

[71] **應當如此**　文集本原無，今依長函本補入。

[72] **應當如此**　果芒本無。

[73] 第二科　長函本無。

[74] **因為**　果芒本無。

[75] **但是彼第二剎那**　果芒本作「但是第二剎那」（སྐད་ཅིག་གཉིས་པས་ཀྱང）。

[76] **同時新證**　長函本作「同時證達」（ཅིག་ཅར་དུ་རྟོགས）。

[77] **其行境是先前所無，因而為具有先前未證達的行境** 文集本原作
「其行境是先前所無的具有先前未證達的行境」（དེའི་སྤྱོད་ཡུལ་སྔར་མེད་
པ་ཡིན་པའི་སྔར་མ་རྟོགས་པའི་སྤྱོད་ཡུལ་ཅན་ནོ），然長函本作「其行境是先前所
無，因而為具有先前未證達的行境」（དེའི་སྤྱོད་ཡུལ་སྔར་མེད་པ་ཡིན་པས་སྔར་མ་
རྟོགས་པའི་སྤྱོད་ཡུལ་ཅན་ནོ），文義較通順，故依長函本改之。

[78] **因為是量的話，遍於自己的所量新而不欺誑的緣故** 果芒本作「因
為對於自己的所量遍如此的緣故」（རང་གི་གཞལ་བྱ་ལ་དེས་ཁྱབ་པའི་ཕྱིར）。

[79] **的緣故，而這是因為** 果芒本作「的緣故。應當如此」（ཕྱིར། དེར་
ཐལ）。

[80] **見知彼的覺知** 文集本原作「見知彼的量」（དེ་འཛིན་པའི་ཚད་མ），果
芒本作「見知彼的覺知」（དེ་འཛིན་པའི་བློ），按上下文義推斷，應以
果芒本為是，故改之。

[81] **對此有人說** 以下這一段，果芒本與文集本差異極大。果芒本
作：「對此有人說：『證達聲音無常的比量應當危害執聲音為常
法的俱生增益，因為彼對於執聲音為常法遮除增益的緣故。』回
答不遍。因為彼雖然證達俱生增益的耽著境不存在，但是並未危
害彼，這樣的差別合理的緣故，而這是因為《心要莊嚴疏》中
說：『就像證達聲音無常的比量，雖然證達執聲音為常法的俱生
增益的耽著境不存在，但是僅危害現行的遍計，而未危害俱生一
般』的緣故」（དེ་ལ་ཁ་ཅིག་ན་རེ། སྒྲ་མི་རྟག་རྟོགས་ཀྱི་རྗེས་དཔག་གིས། སྒྲ་རྟག་འཛིན་གྱི་སྐྱེ་འཕགས་
སྒྲུབ་སྨྲས་ལ་གནོད་པར་ཐལ། དེས་སྒྲ་རྟག་འཛིན་གྱི་སྒྲོ་འདོགས་བཅད་པའི་ཕྱིར་ཟེར་ན། ཁྱབ། དེས་དེ་སྤྱན་སྨྲས་ཀྱི་

ཞེན་ཡུལ་མེད་པར་རྟོགས་ཀྱི་དེ་ལ་མི་གཏོང་བའི་ཁྱད་པར་འབད་པའི་ཕྱིར་ཏེ། རྣམ་བཅད་ལས། སྐྱེ་མི་རྟག་རྟོགས་ ཀྱི་རྗེས་དཔག་གིས་སྐྱ་རྟག་འཛིན་གྱི་སྒྲོ་འདོགས་ལྡན་སྐྱེས་ཀྱི་ཞེན་ཡུལ་མེད་པར་རྟོགས་ཀྱང་། ཀུན་བཏགས་མངོན་ གྱུར་ལ་གཏོང་གི་ལྡན་སྐྱེས་ལ་མི་གཏོང་བ་བཞིན་ནོ། །ཞེས་གསུངས་པའི་ཕྱིར)。然上述內容與自宗的承許直接相違，且妙音笑大師所著《釋量論辨析》的相對應段落中有與文集本及長函本一致的內容，果芒本應誤，故不改。

[82] **量的性相**　果芒本作「量的性相中」（ཚད་མའི་མཚན་ཉིད་དུ）。

[83] **意義上引生**　文集本原作「意義上引生的」（དོན་གྱིས་འབངས་པའི），果芒本作「意義上引生」（དོན་གྱིས་འབངས་ལས），文義較通順，故改之。

[84] **的緣故**　果芒本作「的緣故，而這是因為」（ཕྱིར་ཏེ）。

[85] **的緣故，而這是因為**　果芒本作「的緣故」（ཕྱིར）。

[86] **因為這段文直接顯示其學派中勝義量的性相**　長函本作「因為直接顯示其學派中的勝義量的性相」（དེའི་ལུགས་ལ་དོན་དམ་པའི་ཚད་མའི་མཚན་ཉིད་དངོས་སུ་བསྟན）。

[87] **因為彼是現量的緣故**　長函本作「應當如此，因為彼是現量的緣故」（དེར་ཐལ། དེ་མངོན་སུམ་ཚད་མ་ཡིན་པའི་ཕྱིར）。

[88] **因為彼是由他定解的量的緣故**　果芒本作「因為是由他定解的量的緣故」（གཞན་ལས་ངེས་ཀྱི་ཚད་མ་ཡིན་པའི་ཕྱིར）。

[89] **應當如此，因為是由自己定解總體**　果芒本作「因為是由自己定解總體」（སྤྱི་རང་ལས་ངེས་ཤིང）。

[90] **的緣故**　果芒本作「的緣故，而這是因為」（ཕྱིར་ཏེ）。

[91] **自己則不會出生** 長函本作「則不會出生」（མི་འབྱུང་）。

[92] **在自己所量之上意涵** 文集本原作「自己的所量的開示意涵」（རང་གི་གཞལ་བྱའི་བསྟན་དོན་），果芒本作「在自己所量之上意涵」（རང་གི་གཞལ་བྱའི་སྟེང་དོན་），按上下文義推斷，應以果芒本為是，故改之。

[93] **的緣故。因此** 果芒本作「的緣故，而這是因為因此」（ཕྱིར་ཏེ། དེས་ན）。

[94] **這是由自定解的量的性相，因為** 果芒本作「由自定解的量的性相」（རང་ལས་ངེས་ཀྱི་ཚད་མའི་མཚན་ཉིད་）。

[95] **定解的本性** 果芒本作「具有定解的本性」（ངེས་པའི་བདག་ཉིད་ཅན་གྱི་ཕྱིར་）。

[96] **不屬意現前識** 果芒本作「不屬意」（ཡིད་ལ་གཏད་）。

[97] **不認識鄔波羅花的補特伽羅相續中** 果芒本作「不認識鄔波羅花的相續中」（ཨུཏྤལ་ངོ་མི་ཤེས་པའི་རྒྱུད་ཀྱི་）。

[98] **量的數量決定為現量與比量二者** 果芒本作「數量決定為現量與比量二者」（མཚན་སུམ་དང་རྗེས་དཔག་གི་ཚད་མ་གཉིས་སུ་གྲངས་ངེས་）。

[99] **所量數量決定為自相共相二種** 果芒本作「所量決定為自相共相二種」（གཞལ་བྱ་ལ་རང་སྤྱི་གཉིས་སུ་ངེས་）。

[100] **因為如此承許的緣故。不能如此承許** 果芒本作「不能如此承許」（འདོད་མི་ནུས་ཏེ）。

[101] **其趣入境、直接所量與所得義等等** 果芒本作「其直接趣入境或所量或所得義」（དེའི་འཇུག་ཡུལ་དངོས་སམ་གཞལ་བྱའམ། ཉེད་དོན་）。

[102] **其所取境** 長函本作「所取境」（བཟུང་ཡུལ）。

[103] **直接所量當中** 果芒本作「眾多直接所量當中」（དངོས་གཞལ་རྣམས་ལ）。

[104] **也有自相** 長函本作「有自相」（རང་མཚན་ཡོད）。

[105] **遍是其所取境** 果芒本作「遍是該分別心的所取境」（རྟོག་པ་དེའི་བཟུང་ཡུལ་ཡིན་པས་ཁྱབ）。

[106] **彼有法，應當是其顯現境** 果芒本作「應當是其顯現境」（དེའི་སྣང་ཡུལ་ཡིན་པར་ཐལ）。

[107] **其趣入境** 果芒本作「這二種的趣入境」（དེ་གཉིས་ཀྱི་འཇུག་ཡུལ）。

[108] **的緣故，而這是因為** 果芒本作「的緣故」（ཕྱིར）。

[109] **的緣故。應當如此** 果芒本作「的緣故，而這是因為」（ཕྱིར་ཏེ）。

[110] **的緣故，而這是因為** 果芒本作「的緣故」（ཕྱིར）。

[111] **是其耽著境的話** 長函本作「因為是其耽著境的話」（སྟེ། དེའི་ཞེན་ཡུལ་ཡིན་ན）。

[112] **《正量匯道論》** 長函本作「《量道疏》」（ཚད་མའི་ལམ་ཏེག），應誤。

[113] **這是分別心的性相** 長函本作「為分別心的性相」（རྟོག་པའི་མཚན་ཉིད）。

[114] **他義比量或成立語** 文集本原作「他義比量成立語」（གཞན་དོན་རྗེས་དཔག་སྒྲུབ་ངག），果芒本作「他義比量或成立語」（གཞན་དོན་རྗེས་དཔག་གམ་སྒྲུབ་ངག），文義較通順，故改之。

[115] **生起比量的作用** 文集本及長函本作「做比量的作用」（རྗེས་དཔག་གི་བྱ་བྱེད་པར），果芒本作「生起比量的作用」（རྗེས་དཔག་སྐྱེད་པའི་བྱ་བ་བྱེད་པར），按上下文義推斷，應以果芒本為是，故改之。

[116] **比量有二種，自義是指由三相因而見到意涵** 果芒本作「比量有二種，自義是指」（རྗེས་དཔག་རྣམ་གཉིས་རང་དོན་ནི），應為漏句。

[117] **的緣故。應當如此，因為是錯亂識所屬的現量的緣故，而這是因為** 果芒本作「的緣故，而這是因為是錯亂識所屬的現量的緣故」（ཕྱིར་ཏེ། འཁྲུལ་ཤེས་སུ་གྱུར་པའི་མངོན་སུམ་ཚད་མ་ཡིན་པའི་ཕྱིར）。

[118] **《正量匯道論》** 長函本作「《量道疏》」（ཚད་མའི་ལམ་ཐིག），應誤。

[119] **對於樹木不錯亂，因此獲得了所欲求義** 長函本作「對於樹木獲得了不錯亂的所欲求義的緣故」（ཤིང་ལ་མ་འཁྲུལ་པའི་འདོད་པའི་དོན་ཐོབ་པའི་ཕྱིར）。

[120] **的緣故，應當如此** 果芒本作「的緣故，而這是因為」（ཕྱིར་ཏེ）。

[121] **因此一點都沒有相遇** 長函本作「一點都沒有相遇」（ཅུང་ཟད་ཀྱང་ཕྲད་པ་མེད་དོ）。

[122] **應該如此承許** 長函本作「這些應該承許」（དེ་དག་ཁས་བླང་པར་བྱའོ）。

[123] **第三個因應當如此，因為那不是寶物的行相的緣故** 果芒本無。

[124] **為了宣說這點，在《量莊嚴論》中說** 果芒本作「對此，在《量莊嚴論》中說」（ཞེས་པ་ལ། ཚད་མ་རྒྱན་ལས）。

[125] **一切有部只承許為三種** 果芒本作「一切有部只承許其為三種」

（ཉེ་སྒྲུབས་དེ་ལ་གསུམ་ཁོན་འདོད）。

[126] **的緣故，而這是因為** 長函本作「的緣故。應當如此」（ཕྱིར། དེར
ཐལ）。

[127] **的緣故。又《正理滴論賈曹傑釋》** 果芒本作「的緣故，《正理
滴論賈曹傑釋》」（ཅེས་གསུངས་པའི་ཕྱིར། རིགས་ཐིགས་དར་ཊིཀ）。

[128] **的緣故。應當如此** 果芒本作「的緣故，而這是因為」（ཕྱིར་ཏེ）。

[129] **的緣故，而這是因為** 果芒本作「的緣故」（ཕྱིར）。

[130] **作為損害根的因緣** 果芒本作「作為損害根的過失」（དབང་པོ་ལ་
གནོད་པའི་སྐྱོན་ཉིད་པ་སྟེ）。

[131] **顯現色法為執色分別心所耽著事、顯現彼為名言、以及顯現彼為
外義四種的緣故** 果芒本作「顯現色法為執自分別心所耽著事、
顯現為名言、以及顯現為外義四種的緣故，而這是因為」
（གཟུགས་རང་འཛིན་རྟོག་པའི་ཞེན་གཞིར་སྣང་བ། ཐ་སྙད་དུ་སྣང་བ། ཕྱི་རོལ་དོན་དུ་སྣང་བ་བཞི་ཡོད་པའི་
ཕྱིར་ཏེ）。

[132] **堅固出生的心識不由這些錯亂因所出生** 果芒本作「堅固出生的
心識不為這些錯亂因所染汙」（བརྟན་བྱུང་གི་ཤེས་པ་འཁྲུལ་རྒྱུ་དེ་དག་གིས་མ་བསླད་
པར）。

[133] **依著根** 果芒本作「依著根時」（དབང་པོ་ལ་བརྟེན་པ་ན）。

[134] **則趣入為五根的緣故** 果芒本作「則趣入為五根的緣故，而這是
因為」（དབང་པོ་ལྔ་ལ་འཇུག་པའི་ཕྱིར་ཏེ）。

[135] **由此無論任何行相** 果芒本作「因此無論任何行相」（དེས་ན་རྣམ་པ

གང་ཚེ་ཡང་རུང་）。

[136] **第二科、解說各各支分的意涵** 果芒本作「第二科、解說各各開分的意涵」（གཉིས་པ་བྱེ་བ་སོ་སོའི་དོན་བཤད་པ་ལ）。

[137] **是第三種的緣故** 果芒本作「是第三種」（གསུམ་པ་ཡིན）。

[138] **要排除是時邊際剎那與極微塵** 果芒本作「要排除時邊際剎那與極微塵是彼」（དུས་མཐའི་སྐད་ཅིག་མ་དང་རྡུལ་ཕྲ་རབ་རྣམས་དེ་ཡིན་པ་གཅོད）。

[139] **將彼出生為清晰明了** 文集本原作「將彼作為清晰明了」（དེ་གསལ་རིག་ཏུ་བྱེད），果芒本作「將彼出生為清晰明了」（དེ་གསལ་རིག་ཏུ་སྐྱེད），按上下文義推斷，應以果芒本為是，故改之。

[140] **即是如** 長函本作「即如」（ལྟ་ན）。

[141] **第一科：** 果芒本及長函本無。

[142] **其中可分為從執色意現識到執觸意現識五種** 果芒本作「其中可分為執色意現識、執聲意現識、執香意現識、執味意現識與執觸意現識，共五種」（དེ་ལ་དབྱེ་ན། གཟུགས་འཛིན་ཡིད་མངོན། སྒྲ་འཛིན་ཡིད་མངོན། དྲི་འཛིན་ཡིད་མངོན། རོ་འཛིན་ཡིད་མངོན། རེག་བྱ་འཛིན་པའི་ཡིད་མངོན་དང་ལྔ་ཡོད）。

[143] **而中間一說是合理的** 文集本原作「而中間一說這些是合理的」（བར་མ་དག་འཐད་ཅེས་ཏེ），果芒本作「而中間一說是合理的」（བར་མ་འཐད་ཅེས་ཏེ），按上下文義推斷，應以果芒本為是，故改之。

[144] **的緣故。應當如此** 果芒本作「的緣故，而這是因為」（ཕྱིར་ཏེ）。

[145] **的緣故。應當如此** 果芒本作「的緣故，而這是因為」（ཕྱིར་ཏེ）。

[146] **有這些過失的緣故。如果是應成派的話** 長函本作「有這些過失

的緣故，以及如果是應成派的話」（སྐྱོན་ཡོད་པའི་ཕྱིར་དང་། ཐལ་འགྱུར་བའི་ཕྱོགས་ ཡིན་ན）。

[147] **的緣故，而這是因為** 果芒本作「的緣故。」（ཕྱིར）。

[148] **結合境的類別** 果芒本作「作為境的類別」（ཡུལ་གྱི་འགྲོས་བྱེད་ན）。

[149] **計算有多少種類別** 果芒本作「計算多少種類別」（འགྲོས་དུ་བྱེ）。

[150] **七部根本頌及釋論等開示意現識性相的一切教典** 果芒本作「開
示七部根本頌及釋論的意現識性相的一切教典」（སྡེ་བདུན་རྩ་འགྲེལ་གྱི་ ཡིད་མངོན་གྱི་མཚན་ཉིད་སྟོན་པའི་གཞུང་ཐམས་ཅད）。

[151] **二類現前識** 長函本作「一類現前識」（མངོན་སུམ་འགྲོས་གཅིག་པ），
按上下文義推斷，應誤。

[152] **二類現前識** 長函本作「一類現前識」（མངོན་སུམ་འགྲོས་གཅིག་པ），
按上下文義推斷，應誤。

[153] **提到以意根作為增上緣的證他現前識** 文集本原作「不承許以意
根作為增上緣的證他現前識」（ཡིད་དབང་གིས་བདག་རྐྱེན་བྱས་པའི་གཞན་རིག་མངོན་ སུམ་མི་བཞེད），果芒本作「提到以意根作為增上緣的證他現前識」
（ཡིད་དབང་གིས་བདག་རྐྱེན་བྱས་པའི་གཞན་རིག་མངོན་སུམ་བཤད），按上下文義推
斷，應以果芒本為是，故改之。

[154] **的緣故** 果芒本作「的緣故，而這是因為」（ཕྱིར་ཏེ）。

[155] **是極隱蔽分** 果芒本作「這是極隱蔽分」（དེ་ཤིན་ཏུ་ལྐོག་གྱུར་ཡིན）。

[156] **的緣故。應當如此** 果芒本作「的緣故」（ཕྱིར）。

[157] **說到意現識，這只是在宗義當中所傳稱** 果芒本作「彼意現識，

只是在宗義當中所傳稱」（ཡིད་ཀྱི་མཆོག་ཤུམ་དེ་ནི་གྲུབ་པའི་མཐའ་ལ་གྲགས་པ་ཙམ་ཡིན་གྱི）。

[158] **執色意現識**　果芒本作「意現識」（ཡིད་མཆོན）。

[159] **遍為自證現識所成立**　果芒本作「為自證現識所成立」（རང་རིག་མཆོན་ཤུམ་གྱིས་གྲུབ）。

[160] **已經承許周遍了。應當如此**　長函本作「應當如此」（དེར་ཐལ）。

[161] **其餘那些內容**　果芒本作「其餘內容」（ལྷག་མ）。

[162] **是現而不定的覺知的緣故**　果芒本作「是現而不定」（སྣང་ལ་མ་ངེས་པ་ཡིན）。

[163] **這是其性相**　果芒本作「這是瑜伽現識的性相」（དེ་རྣལ་འབྱོར་མཆོན་ཤུམ་གྱི་མཚན་ཉིད）。

[164] **其中分為是自己所屬的量與再決識二種**　果芒本作「其中也分為是自己所屬的量與再決識二種」（དེ་ལ་དབྱེ་ན། རང་ཡིན་པར་གྱུར་པའི་ཚད་མ་དང་བཅད་ཤེས་གཉིས་ཀྱང་ཡོད）。

[165] **的緣故**　果芒本作「的緣故，而這是因為」（ཕྱིར་ཏེ）。

[166] **的緣故**　長函本作「等的緣故」（ཅེས་སོགས་གསུངས་པའི་ཕྱིར）。

[167] **足以出生對於所修義至極究竟的清晰顯現**　長函本作「對於所修義至極的清晰顯現足以出生究竟」（བསྒོམ་བྱའི་དོན་ལ་གསལ་སྣང་རབ་ཀྱིས་མཐར་ཕྱིན་འབྱུང་རུང）。

[168] **的緣故，而這是因為**　果芒本作「的緣故」（ཕྱིར་རོ）。

[169] **這每一種各有是自己的量與再決識二種**　長函本作「這每一種有

是自己的量與再決識二種」（དེ་རེ་རེ་ལ་རང་ཡིན་གྱི་ཚད་མ་དང་བཅད་ཤེས་གཉིས་ཡོད）。

[170] **也有現而不定** 果芒本作「並且也有現而不定」（ཅིང་། སྣང་ལ་མ་ངེས་པ་ཡང་ཡོད）。

[171] **不宣說** 果芒本作「不作開演」（མ་སྒྲོས）。

[172] **其假立的所緣緣** 長函本作「其為假立的所緣緣」（དེ་གམིགས་རྐྱེན་བཏགས་པ་བ）。

[173] **是所緣** 長函本作「既是所緣」（དམིགས་པ་ཡང་ཡིན）。

[174] **的緣故。這** 長函本作「的緣故，而這是因為這」（ཕྱིར་ཏེ། འདི་ནི）。

[175] **因為這是假立的所緣緣的緣故** 果芒本作「因為因此是假立的所緣緣的緣故」（དེས་ན་དམིགས་རྐྱེན་བཏགས་པ་བ་ཡིན་པའི་ཕྱིར）。

[176] **應當如此** 果芒本作無。

[177] **宣說論師自宗的真正所緣緣** 果芒本作「論師自宗的真正所緣緣」（སློབ་དཔོན་རང་ལུགས་ཀྱི་དམིགས་རྐྱེན་གྱི་མཚན་ཉིད་པ）。

[178] **而這是因為** 果芒本作「因為」（ཕྱིར）。

[179] **的緣故** 長函本作「的緣故。應當如此」（ཕྱིར་ དེར་ཐལ）。

[180] **就會有周遍不相係屬，或者成為根識的間接因的過失** 果芒本作「就會面臨周遍不相係屬，或者成為根識的間接因的過失」（ཁྱབ་པ་མ་འབྲེལ་བའམ། དབང་ཤེས་ཀྱི་རྒྱུད་རྒྱར་ཐལ་བའི་སྐྱོན་འོང）。

[181] **的緣故。應當如此** 果芒本作「的緣故。以及」（ཕྱིར་དང）。

[182] **的緣故，而這是因為**　果芒本作「的緣故」（ཕྱིར）。

[183] **因此**　文集本原作「彼」（དེས），長函本及果芒本作「因此」
（དེས་ན），按上下文義推斷，應以長函本及果芒本為是，故改
之。

[184] **顯示了「在執藍根現識…藍色行相的緣的緣故」這個能立的緣故**
長函本作「以『在執藍根現識…藍色行相的緣的緣故』顯示了能
立的緣故」（ཞེས་པས་སྒྲུབ་བྱེད་བསྟན་པའི་ཕྱིར）。

[185] **以及**　文集本原無，今依長函本及果芒本補入。

[186] **的緣故。應當如此**　果芒本作「的緣故」（ཕྱིར）。

[187] **的緣故。應當如此**　果芒本作「的緣故」（ཕྱིར）。

[188] **稱為其所緣緣**　長函本作「稱其所緣緣為彼」（དེའི་དམིགས་རྐྱེན་དེ་ཞེས་
བྱའོ）。

[189] **的緣故。應當如此**　果芒本作「的緣故」（ཕྱིར）。

[190] **既不遍是其所緣**　長函本作「不遍是其所緣」（དེའི་དམིགས་པས་མ་ཁྱབ་
ཅིང）。

[191] **而這是因為**　長函本作「因為」（ཕྱིར）。

[192] **具德吉祥果芒**　果芒本作「具德果芒」（དཔལ་ལྡན་སྒོ་མང）。

[193] **結合為合理的自宗**　長函本作「結合為清楚的自宗」（རང་ལུགས་
གསལ་ལ་སྦྱར་དུ་སྦྱར་བ）。

大慈恩譯經基金會簡介
與榮董名單

AMRITA TRANSLATION FOUNDATION

創設緣起

　　真如老師為弘揚清淨傳承教法，匯聚僧團中修學五部大論法要之僧人，於 2013 年底成立「月光國際譯經院」，參照古代漢、藏兩地之譯場，因應現況，制定譯場制度，對藏傳佛典進行全面性的漢譯與校註。

　　譯經院經過數年的運行，陸續翻譯出版道次第及五部大論相關譯著。同時也收集了大量漢、藏、梵文語系實體經典以及檔案，以資譯經。2018 年，真如老師宣布籌備譯經基金會，以贊助僧伽教育、譯師培訓、接續傳承、譯場運作、典藏經像、經典推廣。

　　2019 年，於加拿大正式成立非營利組織，命名為「大慈恩譯經基金會」，一以表志隨蹤大慈恩三藏玄奘大師譯經之遺業；一以ᵘᵖ日ᵈᵒʷⁿ常老和尚之藏文法名為大慈，基金會以大慈恩為名，永銘今後一切譯經事業，皆源自老和尚大慈之恩。英文名稱為「AMRITA TRANSLATION FOUNDATION」，意為不死甘露譯經基金會，以表佛語釋論等經典，是療吾等一切眾生生死重病的甘露妙藥。本會一切僧俗，將以種種轉譯的方式令諸眾生同沾甘露，以此作為永恆的使命。

　　就是現在，您與我們因緣際會。我們相信，您將與我們把臂共行，一同走向這段美妙的譯師之旅！

大慈恩譯經基金會官網網站：https://www.amrtf.org/

創始榮董名單

真如老師 楊哲優闔家 蕭丞莛 王名誼 釋如法 賴春長 江秀琴 張燈技
李麗雲 鄭鳳珠 鄭周 江合原 GWBI 蔡鴻儒 朱延均闔家 朱崴國際 康義輝
釋徹浩 釋如旭 陳悌錦 盧淑惠 陳麗瑛 劉美爵 邱國清 李月珠 劉鈴珠
楊林金寶 楊雪芬 施玉鈴 吳芬霞 徐金水 福泉資產管理顧問 王麒銘
王藝臻 王嘉賓 王建誠 陳秀仁 李榮芳 陳侯君 盧嬿竹 陳麗雲 張金平
楊炳南 宋淑雅 王淑均 陳玫圭 蔡欣儒 林素鐶 鄭芬芳 陳弘昌闔家
黃致文 蘇淑慧 魏榮展 何克澧 崔德霞 黃錦霞 楊淑涼 賴秋進 陳美貞
蕭仲凱 黃芷芸 陳劉鳳 楊耀陳 沈揚 曾月慧 吳紫蔚 張育銘 蘇國棟
闕月雲 蘇秀婷 劉素音 李凌娟 陶汶 周陳柳 林崑山閤家 韓麗鳳 蔡瑞鳳
陳銀雪 張秀雲 游陳溪闔家 蘇秀文 羅云彤 余順興 Huang,Yu Chi 闔家
林美伶 廖美子闔家 林珍珍 蕭陳麗宏 邱素敏 李翊民 李季翰 水陸法會
弟子 朱善本 顏明霞闔家 劉珈含闔家 蔡少華 李賽雲闔家 張航語闔家
詹益忠闔家 姚欣耿闔家 羅劍平闔家 李東明 釋性修 釋性祈 釋法謹
吳宜軒 陳美華 林郭喬鈴 洪麗玉 吳嬌娥 陳維金 陳秋惠 翁靖賀 邱重銘
李承慧 蕭誠佑 蔣岳樺 包雅軍 陳姿佑 陳宣廷 蕭麗芳 周麗芳 詹尤莉
陳淑媛 李永智 程莉闔家 蘇玉杰闔家 孫文利闔家 巴勇闔家 程紅林
闔家 黃榕闔家 劉予非闔家 章昶 王成靜 丁欽闔家 洪燕君 崔品寬闔家
鄭榆莉 彭卓 德鳴闔家 周圓海 鄒靜 劉紅君 潘紘 翁梅玉闔家 慧妙闔家
蔡金鑫闔家 慧祥闔家 駱國海 王文添闔家 翁春蘭 林廷諭 黃允聰
羅陳碧雪 黃水圳 黃裕民 羅兆鈞 黃彥傑 俞秋梅 黃美娥 蘇博聖 練雪溱

創始榮董名單

高麗玲 彭劉帶妹 彭鈺茹 吳松柏 彭金蘭 吳海勇 陳瑞秀 傅卓祥 王鵬翔 張曜梧闔家 鄧恩潮 蔡榮瑞 蔡佩君 陳碧鳳 吳曜宗 陳耀輝 李銘洲 鄭天爵 鄭充閻 鐘俊益邱秋俐 鄭淑文 黃彥傑闔家 任碧玉 任碧霞 廖紫岑 唐松章 陳贊鴻 張秋燕 釋清達 華月琴 鄭金指 林丕燦張德義 闔家 高麗玲闔家 嚴淑華闔家 郭甜闔家 賴春長闔家 馮精華闔家 簡李選闔家 黃麗卿闔家 劉美宏闔家 鄭志峯闔家 紀素華 紀素玲 潘頻余 潘錫謀闔家 莊鎮光 鍾淳淵闔家 林碧惠闔家 陳依涵 蔡淑筠 陳吳月 香陳伯榮 褚麗鳳 釋性覽釋法邦 林春發 張健均 吳秀榕 葉坤十闔家 釋法將林立茱闔家 黃美燕 黃俊傑闔家 張俊梧楊淑伶 邱金鳳 邱碧雲闔 家 詹明雅 陳奕君 舒子正 李玉瑩 楊淑瑜 張陳芳梅 徐不愛闔家 林江桂 簡素雲闔家 花春雄闔家 陳財發王潘香闔家 鍾瑞月 謝錫祺張桂香闔家 李回源 沈佛生薛佩璋闔家 地涌景觀團隊 張景男闔家 張阿幼 古賴義裕 闔家 蘇新任廖明科闔家 鍾乙彤闔家張克勤 羅麗鴻 唐蜀蓉闔家 蔡明亨 闔家 陳卉羚 楊智瑤闔家 林茂榮闔家 艾美廚衛有限公司 郭聰田 曾炎州 林猪闔家 張幸敏闔家 呂素惠闔家 林登財 李明珠 釋清暢歐又中闔家 李文雄闔家 吳信孝闔家 何庚燁 任玉明 游秀錦闔家 陳曉輝闔家 楊任 徵闔家 洪桂枝 福智台南分苑 張修晟 陳仲全陳玉珠闔家 黃霓華闔家 釋聞矚 林淑美 陳清木張桂珠 張相平闔家 杜翠玉闔家 潘榮進闔家 立長企業有限公司 李明霞闔家 林翠平闔家 張米闔家 林祚雄 陳懷谷闔 家曾毓芬 陳昌裕闔家 釋清慈闔家 楊勝次闔家 蕭毅闔家

AMRITA
TRANSLATION FOUNDATION

妙音笑心類學

造　　　論	妙音笑·語王精進大師
總　　　監	真　如
主　　　譯	釋如法
主　　　校	釋性忠
審　　　義	釋性浩

責 任 編 輯	廖育君
文 字 校 對	王淑均、沈平川、黃瑞美
美 術 設 計	張福海
排　　　版	華漢電腦排版有限公司
印　　　刷	科樂印刷事業股份有限公司

出 版 者	福智文化股份有限公司
地　　　址	105407 台北市松山區八德路三段 212 號 9 樓
電　　　話	(02) 2577-0637
客服 Email	serve@bwpublish.com
官 方 網 站	https://www.bwpublish.com/
FB 粉絲專頁	https://www.facebook.com/BWpublish/

總 經 銷	時報文化出版企業股份有限公司
地　　　址	333019 桃園市龜山區萬壽路二段 351 號
電　　　話	(02) 2306-6600

出 版 日 期	2024 年 1 月　初版八刷
定　　　價	新台幣 350 元
I S B N	978-986-98982-3-2

國家圖書館出版品預行編目 (CIP) 資料

妙音笑心類學 / 妙音笑.語王精進大師造論；
　釋如法主譯；釋性忠主校. -- 初版. -- 臺北
市：福智文化股份有限公司, 2020.12
　　面；　公分
　ISBN 978-986-98982-3-2(平裝)

　1.藏傳佛教　2.注釋　3.佛教修持

226.962　　　　　　　　　　　　109016862